知れば知るほど泣ける
昭和の偉人100

別冊宝島編集部 編

宝島
SUGOI
文庫

宝島社

はじめに

２０２５年は昭和が始まって１００年目に当たる。昭和がそのまま続いていれば、昭和１００年だ。そこで別冊宝編集部では「昭和１００年」シリーズを企画した。

この文庫は、その一環で作られた「昭和の偉人」の本である。昭和は激動の時代だった。戦争あり、復興あり、高度経済成長ありの時代だった。その激動の時代にふさわしく多くの偉人がいた。

政界、財界に限らず、芸能、スポーツ、漫画、小説、思想、学問、宗教、すべてにおいて偉人がいた。その１００人をここで紹介する。

昭和に生まれた人、昭和で活躍した人、昭和で人生の転機を迎えた人、どこかで昭和を生きた人たちだ。その多くは、この本を読んでいる読者であれば、知っている人物だろう。しかし、ここに紹介している人物について、悪印象しかない人もいるかもしれない。スキャンダルやスクープでしか、知らない人もいるかもしれない。

それでも、この本では、そんな色眼鏡は一切外した。どんな人物でも時代に誇れる実績を持っているのであれば偉人として取り上げた。賛否両論はあるであろう。人間にはいい面もあれば、悪い面もある。聖人君主なんて存在しない。

だからこそ、この本ではその人物の全体像を明らかにしてはいない。全体像を明らかにしようと思えば、いくら紙面を使っても無理だし、最終的には、〝人だよね〟で終わってしまう。

そこで、その人物のその人物たらしめているところだけピックアップした。人生の転機、人生の終わり、苦悩、喜び、実績、どこか一つにスポットを当て紹介した。それだけでも、ちょっとわかった気になれると思う。もし、新しい発見があって、その人物をもっと知りたくなったら、関係する映像や書物、商品、建物など何でも探ってほしい。昭和はまだまだ日本に残っている。心に一つでも多くとどめてほしい。

別冊宝島編集部

第一章 知られざる偉人の真実

第二章 偉人たちの苦悩と悲劇

第三章 偉人たちの残したもの

知れば知るほど泣ける

昭和の偉人100

第一章

知られざる偉人の真実

偉人 1

藤田嗣治

日本に捨てられた画家

ふじた つぐはる、1886/11/27〜1968/1/29。日本生まれのエコール・ド・パリの代表的な画家・彫刻家。

「私が日本を捨てたのではない。日本に私は捨てられたのだ」。1949（昭和24）年、藤田は逃げるように日本を離れフランスに到着した後、パリに永住した。そこで藤田が語った言葉だ。藤田は2度日本に捨てられている。

1度目は、フランスの美術界で一躍大スターになった藤田が日本に凱旋《がいせん》帰国した時だ。1933年、彼はフランスから南アメリカを経由して日本に到着した。フランスでは「乳白色の肌」と呼ばれた裸婦像の線描を生かした透き通るような画風が、パリっ子たちの心を捉えた。フランスで彼の名を知らないものがいないほどに、藤田は大人気になった。

フランスからの帰国の途中に訪ねたアルゼンチンのブエノスアイレスの個展でも、6万人が訪れ、1万人もの人々が彼のサインをもらうために並んだ。藤田は、同じ日本人なら誇ってもいいほどの世界的な名声を勝ち取ったのだ。

しかし、日本は、その藤田を評価できなかった。大規模な個展を開けるような時代でもなかった。藤田の名前も「知る人ぞ知る」の単なる画家でしかなかった。何たる落差だろうか。それでも、藤田は日本のために身を粉にして働いた。従軍画家として中国戦線へも訪れた。そして、太平洋戦争に突入した日本で陸軍美術協会の理事長に就任している。

理事長に就任した藤田は、陸軍から戦争画を請われて、戦地である南方を訪れながら100号や200号の巨大な絵を描いた。ノモンハンを題材にした『哈《ハ》爾《ル》哈《ハ》河畔之戦闘』や『アッツ島玉砕』などの作品が残っている。

そこには人々の苦痛や苦悩、恐怖の叫びがリアルに描かれている。見た者に戦《せん》慄《りつ》を起こさせる絵だ。プロパガンダを超えた絵であった。さらに、クリスチャンであった藤田は、戦争の悲惨さや非情さとともに、人間の救いも描こうとした。ダンテが描いた神曲の地獄編に通じる絵であった。

「悪のプロバガンダの扇動者」の烙印

しかし、ここでも藤田は日本に捨てられた。戦争に負けた日本で、彼は日本軍への戦争協力者として糾弾されたのだ。「ファシズムに協力した画家」「悪のプロバガンダの扇動者」「戦犯！」。口汚くののしられた。

戦後、日本共産党に入党した同じ陸軍美術協会の幹部だったものたちが下した烙印《らくいん》だ。美術協会の幹部が、自らに責任が及ばないよう藤田をスケープゴートにした。藤田はその時の気持ちを手記に残している。

「国のために戦う一兵卒と同じ心境で描いたのになぜ非難されなければならないか」。さらに、藤田に追い打ちをかけるようなことが起きていた。日本を占領したGHQは、彼に、日本軍に戦争協力した者を教えるよう命令したのだ。藤田の心はズタズタに切り裂かれてしまった。もう日本にはいられない。

1949年、彼は誰にも言わずに妻とフランスへ飛び立った。その時の藤田の言葉だ。「絵描きは絵だけ描いて下さい。仲間喧嘩《げんか》をしないで下さい。日本画壇は早く国際水準に到達して下さい」。そして、藤田は二度と日本に戻らなかった。

偉人
2

戦中最後の総理大臣
鈴木貫太郎

すずき　かんたろう、1868／1／18～1948／4／17。日本の海軍軍人、政治家。第42代内閣総理大臣。

鈴木貫太郎はじっと黙っていた。1945（昭和20）年8月14日、終戦を決める御前会議の場であった。阿南陸軍大臣が戦争継続を涙ながらに訴えた。その涙を見た昭和天皇は「泣くな、泣くな、阿南」と制しながらポツダム宣言を受けるご聖断を下した。戦争をやめて、国民の塗炭の苦しみから救わなければいけない、そのためには自分は戦犯に問われても構わないと、昭和天皇の2度目のご聖断であった。その時、じっと黙りながら鈴木は、昭和天皇の1度目のご聖断の時を脳裏に描いていた。それは二・二六事件の時である。

「じゃあ、撃て！」

鈴木は、反乱軍の将校に向かって咆哮《ほうこう》した。昭和天皇に侍従長として仕えていた鈴木は、反乱軍から君側《くんそく》の奸《かん》として襲撃の対象とされていた。鈴木邸に乗り込んだ青年将校たちは、鈴木の言葉を聞くと、銃弾を4発放った。

弾は、鈴木の肩、左脚付け根、左胸、脇腹に当たった。倒れた鈴木の血によって、彼のいた八畳間は赤く染まった。

〝鈴木が撃たれた〟、この報を聞いた昭和天皇は唇を震わせながら激怒した。そして、すぐさま命令を発した。1度目のご聖断である。

「反乱軍を鎮圧せよ！　私が先頭に立って彼らを捕まえる。馬を引いてこい！」

4発撃たれた鈴木は、畳の上で生死をさまよっていた。意識は朦朧《もうろう》としている。その鈴木の枕元に彼の信仰していた多治速比売命《たじはやひめのみこと》とともに昭和天皇が現れた。

「死ぬな！　生きよ！　生きよ！　貫太郎翁！」。声が聞こえた。

生きなければならない、鈴木はそう思った。そして、一命をとりとめた。

その昭和天皇に鈴木は頭を下げられたことがある。それは終戦間際の1945年の春であった。日本軍の敗北が濃厚になった時だった。

昭和天皇は鈴木に組閣を命じたのだ。総理大臣になってほしいとおっしゃる。これを鈴木は固辞した。この時、鈴木は77歳である。死も目前である。さらに、明治天皇が残された言葉が引っ掛かっていた。「軍人は政治に関わってはいけない」。しかし、昭和天皇は諦めなかった。

「鈴木がそのように考えるだろうということは、私も想像しておった。鈴木の心境はよくわかる。しかし、この国家危急の重大な時期に際して、もう人はいない。頼むから、どうか、気持ちを曲げて承知してもらいたい」

と天皇陛下に頭を下げられてしまった。鈴木はそれ以上断れなかった。

われは敗軍の将である

その後、鈴木は組閣を終え、昭和天皇の母であり、鈴木を昭和天皇の侍従長にするよう進言した貞明《ていめい》皇后へ挨拶《あいさつ》に伺った。そこで、鈴木は貞明皇后から昭和天皇の苦しみを聞くことになる。

「今、歳《とし》の若い陛下が国運興廃の岐路に立って、日夜、苦悩されている。もともと陛下としてはこの戦争を始めるのは本意ではなかった。それが、今は敗戦につぐ敗戦を以《もっ》てし、日本が累卵の危機に瀕《ひん》している。鈴木は陛下の大御心を最もよく知っているはずである。どうか、親代わりになって、陛下の胸中の苦悩を払拭《ふっしょく》してほしい、また多数の国民を塗炭の苦しみから救ってほしい」

涙ながらに貞明皇后のおっしゃる言葉に、鈴木も目頭を押さえた。そして、うなずいた。自らの使命は戦争を終わらせることだ。鈴木は腹をくくった。敗戦のすべての責任を負おう。

1945年8月14日、じっと黙りながら、昭和天皇のご聖断を聞いていた。脳裏に浮かんだのは、自分のために自ら出陣して反乱軍を取り押さえようとした陛下の姿であり、貞明皇后の言葉であった。

鈴木は、日本の敗戦を決め、そのすべての責任を取って8月14日に辞職した。昭和天皇の苦悩と国民の塗炭の苦しみを終わらせるために。

1946年、公職から追放された鈴木は田舎に引っ込んだ。その鈴木は、インタビューをした記者に、こう話している。

「われは敗軍の将である。ただいま郷里に帰って、畑を相手にいたして生活しております」。鈴木貫太郎はそれから2年後に静かに息を引き取った。

偉人3

杉原千畝

「かわいそうじゃないか」

すぎはら　ちうね、1900／1／1〜1986／7／31。元リトアニアのカウナス領事官。

杉原千畝が多くのユダヤ人を助けたことはよく知られている。リトアニアのカウナス領事館に務めている時、日本政府の方針に反してユダヤ人に日本行きのビザを発行した。2139枚の家族のビザを発行して、その家族6000人の日本行きを助け、命を救った。現在、その子孫たちは10万人にも増えているという。

では、なぜ、杉原は日本の方針に反してまで、ビザを発行したのだろうか。杉原のご子息である杉原伸生は、父親にビザを発行した理由を聞いたことがある。その答えが「かわいそうじゃないか」だった。杉原千畝は手記に記している。

「6時少し前。表通りに面した領事公邸の寝室の窓際が、突然人だかりの話し声で騒がしくなり、意味の分からぬわめき声は、人だかりの人数が増えるためか、次第に高く激しくなってゆく。で、私は急ぎカーテンの端の隙間から外をうかがうに、なんと、これはヨレヨレの服装をした老若男女で、いろいろの人相の人々が、ザッと100人も公邸の鉄柵に寄り掛かって、こちらに向かって何かを訴えている光景が眼に映った」

ユダヤ人がビザの発行を求めて日本のカウナス領事館に殺到していた。リトアニアはポーランドの北東にある。ヒトラーは1939（昭和14）年1月にユダヤ人弾圧を徹底し始めた。そして9月にポーランド侵攻を行っている。ポーランドのユダヤ人はドイツからリトアニアに脱出してきた。リトアニアにも多くのユダヤ人がいた。

ユダヤ人は北に行くしかなかった。西はドイツ。南はソ連領だが、それを越えてパレスチナに向かうにはトルコを通らざるを得ない。トルコはドイツとの関係からビザの発給を止めていた。さらに、他の国もリトアニアがソ連に併合されたために、大使館や領事館を閉鎖していた。頼りは日本のカウナス領事館だけだ。

まさに、杉原が言う通り、ユダヤ人は「かわいそうだった」のだ。

しかし、戦後、それが仇《あだ》になった。日本に帰国した彼に待っていたのは外務省からの解雇通知だった。それも、理由が何も書かれていない通知。何も書かれていないのは、「解雇理由など書かなくても、おまえ（杉原）はわかるだろう」と意味だ。要は、理由は〝日本政府に反して、ビザを発行した〟ということだ。その後、外務省を解雇された杉原は、職を転々としながら糊口《ここう》をしのぐしかなかった。

杉原が名誉を回復したのは2000年、杉原に助けられ、後にイスラエルの宗教大臣になったゾラフ・バルハフティクは1998年に以下のように語っている。

「日本政府の許可なしであったことを私たちが知ったのは、1969年に杉原氏とイスラエルで再会した時である。杉原氏が訓命に背いてまで、ビザを出し続けてくれたことに、とても驚いたことを覚えている。杉原氏の免官は疑問である。日本政府が素晴らしい方に対して何もしていないことに疑問を感じる。表彰していないのは残念である」

この時、すでに杉原千畝は亡くなっていた。もし、杉原が生きて、この言葉を聞いていたら、どう言っただろうか。彼は笑って、こう言ったはずだ。

「表彰してもらいたくてやったわけじゃない。だって、かわいそうじゃないか」

偉人4

もうひとりの「命のビザ」 根井三郎

ねい さぶろう、1902／3／18～1992／3／31。日本の外交官、法務官僚。元在ウラジオストク総領事代理。

ユダヤ人に対しての〝命のビザ〟発行は、杉原千畝ひとりの力で、できたわけではない。ユダヤ人たちは、杉原の発行したビザで、シベリア鉄道を通ってウラジオストクに向かうことはできた。しかし、日本に行くためには、ウラジオストクから日本行きの船に乗らなければならない。

そのためには、日本政府からの乗船許可が必要になる。1940（昭和15）年から41年にかけて、杉原の発行したビザを持ったユダヤ人たちが、ウラジオストクに次々と到着してきた。

しかし、ウラジオストクの総領事館には、日本政府から「杉原千畝が発給したビザを厳格に再審査し、不備ある場合は船に乗せてはならない」と命令が下っていた。日独伊三国同盟を結んだばかりの日本政府にとって、ユダヤ人を受け入れることはドイツを刺激することになる。せっかくの軍事同盟も水泡に帰すかもしれない。だが、ウラジオストクには、命からがらナチスの暴虐から逃げてきたユダヤ人であふれていた。この状況に、ウラジオストクの総領事代理であった根井三郎は、日本の外務省に乗船許可を与えるべきことを、通告している。

　1941年3月30日に根井が外務省に宛てた電報が外交史料館に残っている。

「一度は国が認め発給したビザを覆すことは国の信用に関わる、面白からず」

　そして、彼はユダヤ人たちに次々とビザの再認証をして乗船許可を与えた。さらにビザを持っていない者には、杉原に代わって根井自身がビザを発行している。

　もし、根井が日本の外務省の言うままに、ユダヤ人たちに対して乗船許可を与えなければ、6000人の人々の運命はどうなっていたかわからない。根井の行動が彼らを救ったのだ。さらに、彼はビザも発行している。反外務省的行為である。しかし、根井は生涯、ユダヤ人を助けた理由を語ることはなかった。彼は戦後、日本に帰ると外務省を退職し入国管理庁で働くことになった。そこも、名古屋入国管理局所長を最後に、引退。そして1992年、90歳で生涯を閉じている。

偉人
5

ユダヤ人を救った最後の走者

小辻節三

こつじ せつぞう、1899／2／3〜1973／10／31。日本の言語学者、古代オリエント学者。別名アブラハム。

リトアニアを脱出したユダヤ人の旅は、日本に着いても終わらなかった。そこからアメリカなどの安全な国へ亡命しなければならない。彼らのビザは「リトアニア発、日本経由、アメリカ行き」となっていた。

ユダヤ人を乗せた船はウラジオストクを出発し、日本の敦賀港に入港した。着の身着のままの長旅に、空腹を抱えたユダヤ人を日本人は温かく迎えた。敦賀の人々は、彼らに食事を提供し、シャワーも浴びることができず悪臭を放つ彼らのために銭湯を解放し、ゆっくり湯につかってもらった。

そして、ユダヤ人たちは、敦賀を出て神戸に向かった。神戸にはユダヤ人たちのコミュニティーがある。しかし、ユダヤ人に残された時間は多くなかった。彼らのビザで日本に滞在できるのは10日間しかなかったからだ。

安全な国々へ渡航する準備のためには、その10日間では、あまりにも短かった。滞在期間の延長を神戸市にお願いするが、相手にしてもらえない。

何とか、この苦境を脱する道はないのか。その時、ひとりのユダヤ人が満州の極東ユダヤ人大会に来ていたヘブライ語の達者な日本人を思い出した。

その人物が小辻節三である。

彼は留学したカルフォルニアのパシフィック大学でヘブライ語を学びながらユダヤ教の教えを聞いた。日本に戻って京都大学で博士号を取り、青山学院大学で教壇に立つようになった小辻だったが、不幸が彼を襲う。

7歳の長女を病気で亡くし、自らも病にかかってしまった。彼は青山学院大学を辞し、銀座に「聖書原典研究会」を開き、ヘブライ語と聖書を教え始めた。

悔しさで流れ出る涙、震える体

しかし、そこでも彼に不幸が襲った。彼は迫害を受けるようになる。ユダヤ教に否定的な学界関係者や宗教関係者に執拗《しつよう》な嫌がらせを受けるようになったのだ。

そして研究会は閉鎖に追い込まれてしまう。小辻が38歳の時だった。

彼は初めて、世間の理不尽さに涙を流した。流れ出る涙も悔しさに震える体も止まらなかった。そんな時だ、一通の手紙が彼に届いた。

南満州鉄道からの招聘《しょうへい》の手紙だった。満鉄総裁の松岡洋右は、満州国とユダヤ人とのパイプ役として、ヘブライ語のできる小辻に白羽の矢を立てた。小辻は心機一転、家族とともに満州へ向かうことにした。

そこで、彼はユダヤ人と本格的な交流をすることになる。そして、ユダヤ人が世界から迫害されていることを知った。それは、自分が反ユダヤの人々から受けた迫害と重なった。流れ出る涙と震えた体。その時のたまらない思いが蘇《よみがえ》ってきた。そして、松岡洋右が満鉄総裁を辞すると同時に、小辻も満鉄を辞し日本に戻った。

その小辻に、神戸のユダヤ人コミュニティーから連絡が来たのだ。それはまるで神の啓示のようであった。小辻はコミュニティーからの願いを、早速行動に移した。

まずは、外務大臣になっていた松岡洋右に、ユダヤ人の滞在期間を延ばしてもらうようお願いにあがった。

その要請を聞いた松岡は、滞在期間を決めるのは各自治体だから、神戸市が許可を出せば問題ない旨の返事をした。これを聞いた小辻はすぐさま、神戸市の幹部たちに工作を仕掛けた。神戸市の幹部を高級料亭で、あるいは高級レストランで接待をした。そして懇ろにユダヤ人の滞在期間を延ばしていただけるようお願いした。

これにコロッと幹部たちはやられた。彼らはユダヤ人の滞在期間を15日延ばし、さらに申請があれば無制限に延長できるようにしたのだ。

これによって、リトアニアから遠く神戸と逃げてきたユダヤ人は、アメリカやカナダなど安全な国々に亡命することができるようになった。ただし、ここにも困難があった。安全に渡航できる船がなかなか見つからない。

ここでも、小辻は粘り強く行動し、ユダヤ人が安全に渡航できるよう世話をしていった。そして、やっとユダヤ人の長い旅は終わりを迎えたのだ。

偉人 6

星一

野口英世を支えた実業家

ほし はじめ、1873／12／25～1951／1／19。実業家。星製薬の創業者であり、星薬科大学の創立者。

東急池上線の戸越銀座駅の近くに星薬科大学がある。ショートショートの天才、星新一の父親、星一が開いた大学である。星一は福島県の出身で、若くしてアメリカに留学。帰国後、星製薬株式会社を設立し財を成した。

その星がアメリカで知り合ったのが野口英世である。当時、星は留学したアメリカで学生をしつつ、アメリカ人に日本を紹介する新聞を発行していた。日本のことをもっと知ってほしかった。しかし、いつも金には苦労していた。

星は野口に会うとすぐに意気投合した。野口も星と同じ福島県の出身だった。異国のアメリカで同じ年頃の同郷に会う。二人ともお金はなかったが、同郷の仲間に会うことほど心強いものはない。会ったその日に星は野口の下宿に泊まった。

野口の部屋には顕微鏡が置いてあった。星がその顕微鏡をのぞくと野口は言った。「おまえ、医者になれるぞ」と。えっと思った星に野口は言う。「普通は左目を閉じて、右目で顕微鏡を見る。おまえは両目を開けたまま顕微鏡を見ている。そんな奴《やつ》は医者しかいない」

それを聞いた星は言った。「俺は左目が見えないんだ。子どもの頃のケガで」。

野口は聞いてはいけないことを聞いてしまったと思った。それでも、星に同郷以上の親しみをいだいた。野口も子どもの頃に大やけどをしている。

それは野口がまだ1歳の頃だった。母親のシカが畑仕事に出かけている時に、誤って囲炉裏に落ちてしまった。野口は医者にかかる暇もなく、左手には大やけどをして、指が開かなくなってしまった。英世の手はその後の手術で、少しは動けるようになった。しかし、母親のシカにとって、自分の不注意で英世をそんなにしてしまったことが、より一層、英世をいとおしく大切にさせた。

星はその話を聞きながら、見たことのない英世の母、シカが心に浮かんだ。

星は、日本が日露戦争で勝利すると、アメリカから日本に戻ることにした。アメリカで日本を紹介する新聞をもう発行する意味はなくなった。日露戦争で勝利した日本を誰もが知っている。星は帰国の際に野口英世に言った。

「おまえも、日本に一度は帰ったほうがいいんじゃないか。母親も心配していると思うぞ。母親が亡くなる前に一度は会わないと後悔するぞ。金ならオレが送ってやる」

「いや、いったん帰ると研究が遅れてしまう。なかなかアメリカを離れられない」

「そんなこと言うな。日本に帰る時は、俺に連絡しろ。俺が全部費用は出すから」

星は、そう太鼓判を押して日本へ帰っていった。彼は日本に帰国すると星製薬会社を立ち上げ軌道に乗せた。そして、野口英世を顧問にした。

入学資格は「貧乏」と「親孝行」

それから、9年の年月が経っていた。突然、英世のもとに母親のシカから手紙が届いた。そこには、つたないシカの文字が書かれていた
「はやくきてくたされ　はやくきてくたされ　いしよのたのみてありまする」
英世は初めて母の文字を見た。母が字が書けるとは思ってもみなかった。母の

字を見た英世は涙で曇る目を拭きながら、すぐさま、星に電報を打った。

「ハハニアイタシ　カネオクレ」

その電報を見た星は、5000円もの大金を英世に送った。今の額でいえば1000万円に相当する。横浜港に着いた英世を多くの報道陣や恩師、友人が出迎えた。英世の約2カ月間の滞在中、東京や関西の講演会があると、母と一緒に旅行をした。

「まるでおとぎの国にいるようだ」。母のシカは英世とともに過ごす時間をこんなふうに話している。英世にとって最大の親孝行であった。その後、英世は横浜からニューヨークへ戻り、その後、二度と日本の地を踏むことはなかった。

それから7年後、星は星製薬商業学校を開設している。星薬科大学の前身である。その時の入学資格は「貧乏」と「親孝行」であった。そして、星は野口英世が亡くなった後、アメリカ人のエクスタインに彼の伝記を書くための取材費用を負担した。さらに母親、シカの伝記を作っている。星は誰に対しても「親孝行」だった。

偉人 7

フジヤマのトビウオ

古橋廣之進

ふるはし ひろのしん、1928／9／16～2009／8／2。日本の水泳選手でありスポーツ指導者。

4年に1度というオリンピックの舞台はさまざまな感動と物語を生み出す。それは参加した者だけでなく、参加しなかった者にも同じである。戦後の日本水泳界には燦然《さんぜん》と輝くスイマーがいた。古橋廣之進である。1948（昭和23）年、戦後すぐにあったロンドンオリンピックに日本は参加できなかった。

このオリンピックの前年、古橋は400m自由形で世界新を記録していた。しかし、国際水泳連盟から排除されていた日本の記録は認められなかった。そして翌年のオリンピック当日、日本水泳連盟は日本選手権を開いた。オリンピックと同じ日程で、古橋が得意とする400m自由形と1500m自由形の決勝をした。古橋の400mの記録は4分33秒4の世界新。1500mの記録も18分37秒の世界新。どちらもロンドンオリンピックで優勝した選手より速かった。しかし、世界はこれを認めなかった。「プールが狭かったんだよ」と彼らは言った。

これを打ち破ったのが、翌年に開かれた全米選手権である。世界に復帰した日本は、ここで古橋が４００ｍ、８００ｍ、１５００ｍ自由形に出場し、すべて世界新で優勝したのだ。この時、古橋についたニックネームが「フジヤマのトビウオ」である。観客席にいた日系２世たちは、それまで、禁じられていた日の丸を振って、絶叫して応援した。彼らはアメリカで、敵国の日系人ということで強制収容所に入れられ迫害を受けた。日本人も日系人も自信を取り戻した瞬間だった。

ただし、ピークは続かない。翌年、古橋は遠征先の南米で赤痢にかかってしまった。抗生物質もない時代、彼はかなり力を落とした。そして、迎えたヘルシンキオリンピック。４００ｍ自由形に参加した古橋は健闘むなしく８位に終わる。

この時、実況を担当したＮＨＫの飯田次男アナウンサーは涙声で言った。

「日本の皆さま、どうぞ、決して古橋を責めないで下さい。偉大な古橋の存在あってこそ、今日のオリンピックの盛儀があったのであります。日本の皆さまは温かい気持ちを以《もっ》て、古橋を迎えてやって下さい」。日本人は誰もが泣いていた。

偉人 8

廣田弘毅

沈黙を貫いたA級戦犯

ひろた こうき、1878/2/14〜1948/12/23。外交官、政治家。外務大臣、内閣総理大臣を歴任。

「高位の官職にあった期間に起こった事件に対しては、喜んで全責任を負うつもりである」。廣田弘毅が東京裁判の最終弁論の前に、弁護士を通じて伝えた言葉である。彼は東京裁判の間、徹頭徹尾、自らを弁護することがなかった。

彼に下された判決は死刑であった。文官で唯一死刑になった人物が廣田弘毅である。判決では総理大臣の時と日中戦争期の外務大臣としての責任が言い渡された。しかし、東京裁判での裁判官11人中、3人（インド、オランダ、フランス）が無罪を主張し、2人（オーストラリア、ソ連）が禁錮刑を主張している。

廣田弘毅は二・二六事件後、総理大臣になり、軍部を抑え、混乱した日本を収めることに力を注いだ人物である。太平洋戦争前は外務大臣としてアメリカとの戦争を回避しようとした。しかし、この点は東京裁判では一切認められなかった。

東京裁判が、勝者が敗者に戦争の責任をなすり付けるものだ、といってしまえば、それだけだが、それでも、廣田が無罪を主張すれば、A級戦犯を逃れられる可能性はあった。外国人の弁護士も日本人の弁護士も、それを主張した。

しかし、廣田はそれを拒否した。理由は、自らが無罪を主張すれば、そのために罪に問われる人が出てくる。おそらく廣田の脳裏に浮かんだのは服毒自殺した近衛文麿だろう。廣田は近衛に代わって文官としての責任のすべてを背負った。

彼に死刑が言い渡されると国民の間に多くの疑問の声が上がり、A級戦犯中で唯一、減刑の署名が10万通も集まった。その署名を集めた中に廣田の娘と息子がいた。娘たちは、いつも廣田の裁判を傍聴したあと、裁判所の門の前に立った。そして、被告人を乗せたバスが裁判所の門から出てくると、帽子とハンカチを振って、バスの中にいる父親に呼びかけた。

最終判決の前日、同じようにバスが門を通ると、娘たちが帽子を振っていた。窓の隙間からその姿を見つけた廣田は、突然、立ち上がって思いっきり帽子を振った。記録には、いつも冷静な廣田のその姿に、みな驚いたと残っている。

偉人 9

坪内寿夫

私財をなげうった再建王

つぼうち ひさお、1914/9/4～1999/12/28。日本の実業家。倒産寸前の企業を数多く再建させ「再建王」の異名を持つ。

「裸になってもええ」

この言葉に偽りはなかった。坪内寿夫は自らつくり上げた来島《くるしま》ドックの再建のために、280億円の私財を投じた。

そして妻と二人で、もともと来島ドックの研修センターであったビルの一角を月々5万円の家賃を払って借家とした。そのビルは銀行に売られていた。1988年3月、坪内寿夫、74歳の時であった。

1948（昭和23）年、シベリアから復員した坪内は、親から「おまえのためだ」と言われて渡された240万円を元手に映画館の経営を始めた。当時珍しかった2本立ての映画は、娯楽に飢えていた町の人々を惹《ひ》きつけ、映画館は大人気だった。

１９５３年、そんな坪内に、生まれ故郷に近い町にある来島船渠《せんきょ》の再建話が持ち込まれた。恩のある町長に頭を下げられた坪内は、妻に「一文無しになってもいいか」と聞いた。再建に失敗すれば本当に一文無しになる。

しかし、坪内はシベリア帰りである。多くの戦友たちの死を目の当たりにしてきた。いつも「戦後の人生はおまけのようなもの。私利私欲のために使ったら、死んだ仲間に申し訳ない」が口癖だった。町のために一文無しになってもええ。

それを知っている妻は「あなたの決めたことなら依存はありませんよ」と二つ返事で答えた。最初は妻と二人で、どっくに生えたペンペン草を取る作業から始めた。映画館を経営している時でも、上映が終われば、いつも館内のゴミを拾い、掃除をしていた二人だった。

初めはうまくいかなかった経営だが、木造船のひとり船主に大量生産した鋼船《こうせん》を売るようになって、飛躍的に経営が回りだした。木造船の船主は、喉から手が出るほどスピードの出る鋼船を欲しがった。その船主に、坪内は木造船を頭金代わりに受け取り、残りは月賦で船を売った。足りない分は坪内が保証人となって銀行から借りた。

そして、この来島どっくの再建がうまくいくと、次々と再建話が舞い込み、いつの間にか、100社を超す会社が来島どっくの傘下に入っていた。

1978年、坪内は、時の総理大臣と日商の会頭から請われて莫大《ばくだい》な赤字を抱える佐世保重工業の再建に取り組むことになった。頭を下げられたら断れない坪内であった。坪内は私財83億円をつぎ込み、労働組合と手打ちをして、何とか4年で黒字転換を成し遂げた。生活の苦しい従業員には私財10億円を低利で提供した。

会社をつぶしてはいけない

しかし、その時、彼の足元の来島どっくの経営がおかしくなっていた。韓国などの造船業に押されて、日本の造船企業は軒並み構造不況に陥っていた。来島どっくのグループは1000億円を超える負債を抱えていたのだ。

さらに、坪内は糖尿病を患って、入退院を繰り返していた。それでも、坪内は

「会社をつぶしてはいけない」の一念だった。来島グループ１０００人の従業員を路頭に迷わせてはいけない。

系列会社の社長の負債は、坪内がすべて肩代わりした。さらに、保証人になっていたひとり船主の借金もすべて坪内が引き受けた。その額は２８０億円までになった。そして来島どっくは、新来島どっくとして新社長に経営権を引き継いだ。

１９８６年12月24日、日本橋にある日本銀行本店で来島グループ再建計画が正式に発表された時だった。坪内が私財を投じていることを知らない新聞記者が質問に立った。そして、坪内にオーナー経営者としての道義的責任を追及した。

その時、日債銀の副頭取は立ち上がって、その記者に諭すように言った。

「坪内氏は来島どっく再建のため、個人資産のすべてを投げ出されました。坪内氏は何もかも失ってもよいというお覚悟です。こんな潔い経営者に出会うことは、もう二度とあるまいと思っています」

質問に立った記者は、それ以上何も言えずに黙り込んだという。

偉人10

森繁久彌

満州を思い作った『知床旅情』

もりしげ ひさや、1913／5／4〜2009／11／10。俳優・声優・歌手・喜劇俳優、元NHKアナウンサー。

「あんたは小さかったから覚えていないだろうが、あなたの声は知っているね。あのツンドラの冷たさを」（文藝春秋、2024年8月号）

歌手の加藤登紀子の『知床旅情』を聴いた森繁久彌は、彼女にこう話しかけた。加藤も、森繁も満州に住んでいたことがある。加藤が生まれたのは満州のハルビンであり、森繁はNHKのアナウンサーに合格して赴任した地が満州の新京（現在の長春）であった。

ちなみに、『知床旅情』は森繁が民謡『さらば羅臼よ』の楽曲に新たに歌詞をつけた歌だ。森繁が歌っていた頃は『しれとこ旅情』と知床はひらがなだった。満州から引き揚げてきた時、加藤はまだ2歳であった。だから、森繁が言うように、満州のことはほとんど覚えていない。しかし、森繁は33歳であった。すでに妻も子どももいた。森繁は満州で戦後の混乱の恐怖を味わっている。

1945（昭和20）年8月15日、日本は敗戦を受け入れた。そして、ソ連軍は日ソ不可侵条約を破って満州国内に侵入してきた。森繁のいる新京にも現れた。ソ連軍と森繁との最初の遭遇は自宅の裏口だった。

彼の妻がゴミを捨てようとして扉を開けると、そこに2人のソ連兵が立っていた。時計をよこせと銃を構えた。森繁は、時計はないとライターをポケットから出すと、突然銃がぶっ放された。

弾は煉瓦《れんが》の壁に当たって跳ね返る。ソ連兵は森繁が出したライターが武器だと勘違いしたのだ。森繁家族は一瞬心臓が止まりそうになった。しかし、ライターだとわかったソ連兵は、それをポケットに入れると部屋を出ていった。

2回目は通訳を連れてソ連兵は現れた。その通訳は近くのお菓子屋さんのアルメニア人主人だった。

そして「偉い人を5人教えろ」と言う。もし教えなければシベリア送りになる。脅迫だった。そして、彼らはあさってまた来るといって去っていった。

翌々日、彼らは言った通りに現れた。森繁はビルの一角に連行された。そして尋問が始まった。

通訳を通して、「おまえは反ソ連の放送をしていただろう」と聞いてくる。森繁は否定するが、彼らは証拠を見せつけた。万事休す。彼はシベリア行きを覚悟したが、とっさの行動に出た。

森繁は土下座をついて涙を流した

ソ連兵と通訳の前に出て、土下座をしたのだ。

「罪があるというのなら、それに従うが、私にはあなたも知っている通り、年老いた母がいる。あの罪もない老母を苦しめることは忍び難いんだ」

言いながら涙がこぼれてきた。ソ連兵は「さすが、アーチストだ。泣くのがうまい」と笑っている。ダメだと思った。その時だった、通訳は「おまえの持っている物と、すべて交換できるか」と言い出した。

一瞬、何のことか森繁にはわからなかった。が、すぐに理解した。着ている物、持っている物すべてを出せば、シベリア行きはなしにしてくれるということだ。

彼は、着ていた真新しい防寒コート、防寒靴を脱ぎ、防寒帽、ウォルサムの腕時計、毛皮のジャケット、持っていたお金、すべてを渡した。ウォルサムの時計は通訳が喉から手が出るほど、欲しかったようだ。

そして、森繁は薄汚れた薄手のコートを手渡され、一杯の紅茶を飲まされた。ソ連兵に、「これで、釈放」だと、裏口に待っている馬車に乗せられて自宅まで送られた。まるで、映画の一シーンのように、それは淡々と進んでいった。

自宅に着いた森繁は、思いっきりドアを叩いた。夜中の3時を回っていた。しかし、返事がない。不安がよぎる。

「僕だよ、僕だよ、ママ、帰ってきたよ」

すると、パッと部屋の電気がついた。そして、ドアが開き、妻が飛び出してきて、抱きついた。彼も思いっ切り抱きしめた。無言のまま、二人は涙を流していた。森繁の言う「冷たさ」には、こんな体験も含まれていたのだ。

偉人 11

王貞治

世界のワンちゃん

おう さだはる／ワン・チェンジー、1940／5／20。東京府東京市本所区出身の元プロ野球選手・監督。

王貞治を知らない日本人はほとんどいないだろう。日本チームの監督として第1回のWBCで優勝し、イチローに抱きつかれたシーンを覚えている人も多いと思う。そして、王がワンちゃんと呼ばれ、中華民国籍であることを知っている人も多い。しかし、彼がその中華民国籍のことで、ひそかに苦しんでいたことを知る人は少ない。

彼の父親は中華民国籍の中国浙江省出身者で、中国の混乱期に日本に逃げてきた。そして、日本人女性との間で男児をもうけた。それが王貞治だ。

王は子どもの頃に、台湾人であることでいじめにも遭っている。野球選手であった高校時代、彼は国体に参加できなかった。理由は日本人ではないからだ。しかし、彼は腐ることはなかった。巨人軍に入って、ひたすら練習に取り組んだ。

彼はいまだに中華民国籍である。そのことについてインタビューに応えている。

「さっきの国体の話じゃないけど、ぼくが中国人だということは、世間に知られているわけですからね。あらためて日本国籍を取ろうという気持ちは全然なかった。中国との国交が開いて、台湾との国交が断絶した時、ぼくらの仲間は、みんな日本人になりました。でも、ぼくは、野球をやっていたので、アメリカに行く時にパスポートがいるだけの話でね。帰化しようとは思わなかった」

プロ野球選手になる時に、王は利便性を考えて中華民国のパスポートを取っていた。いまさら、日本国のパスポートは必要ない。

王は巨人軍時代、張本勲とクリーンアップを組んでいた。張本は3番で王が4番だった。張本は韓国籍である。ある時、二人は国籍の話になった。深刻な話をしたわけではない。「日本で、ともに頑張ろう」と誓い合っただけだ。

張本は、王の一番のファンだった。王が、700号が打てずに苦悩していた時、一番ハラハラしていたのは張本だった。そして、王が世界新の756号を打った時は、誰よりもうれしかったのが張本だった。誰よりも練習に励む王は、張本にとって手本であった。人間としても王を尊敬していた。同じ在日としても。

自分は日本人より日本人らしいと思う

王は、日本人という言葉をほとんど使うことはなかった。しかし、「自分は日の丸や君が代に自然と身が引き締まる。若い人が座ったままなのを見ると、祖国愛がないのかと非難したくなる。そういう意味で、自分は日本人より日本人らしいという自負がある」と述べている。国民栄誉賞を日本から贈られた時、彼は「野球界全体を代表して、たまたま自分がもらうと拡大解釈した」と語った。日本国籍のない王にとって複雑な気持ちであった。

２０２４（令和６）年11月24日、プレミア12の決勝は日台戦になった。世界大会の決勝では初めての日台戦であった。王はこれまで「日台で戦う決勝を非常に楽しみにしている」と語っていた。決勝の結果、台湾が勝利した。下馬評を覆す４－０の大勝利であった。歓喜に叫ぶ台湾人選手、そして、うつむく日本人選手たち。この姿を王はどのように見たのだろうか。

偉人12

田中清玄

転向した右翼の黒幕

たなか せいげん、1906／3／5～1993／12／10。実業家、政治活動家、CIA協力者であり、フィクサー。

田中清玄が左翼から右翼へ転向したのは獄中だった。マルクス主義を信奉していた清玄の、その思想が一番ぐらついたのは、当時共産党委員長であった佐野学が獄中で転向したことだった。

1932（昭和7）年2月、田中は武闘左翼として警察と銃撃戦を行ない、警官に死傷者を出した。この時、清玄の母は、警官の死を詫《わ》びて自殺している。その遺書には「おまえのような共産主義者を出して、神にあいすまない。自分は死をもって諫《いさ》める。おまえはよき日本人になってくれ。私の死を空しくするな」と書かれていた。

この母の死は、清玄に非常に大きなショックを与えた。清玄は人目もはばからず、わめくように泣き叫んだ。しかし、これが清玄の転向のきっかけになったわけではない。

だが、佐野の転向は違った。肉体的死ではない。精神的な死である。上海から戻ってきた田中は、その時、治安維持法違反で捕まって獄中にいた。

佐野の転向を聞いた清玄は、激しく動揺した。信じていたものがポキッと折れてしまった。佐野は「天皇を尊重した社会主義を行う」として転向した。

清玄は自問自答した。天皇を尊重するとは何か、われわれは天皇を打倒するのではなかったか。自問自答するたびに、自らの心の底をのぞくたびに、「天皇打倒」を叫んでいた自分たちの言葉がむなしくなっていった。

天皇とは何か、天皇制とは何か、そもそも、そんなものがあったのか、清玄は何もわからなくなった。ただ、もう、マルクス主義を信じる気持ちはなくなっていた。1934年、清玄は転向を宣言し出獄した。そして、自らの精神的支柱を見つけるべく、さまざまな思想家たちと交流した。

その清玄が、初めて昭和天皇に会ったのは、戦後間もない1945年12月21日である。そこで昭和天皇の本当のお姿を目の当たりにした。その時の昭和天皇は、これからの日本と日本人を思い、ひどく苦悩していた。

〝戦犯として多くの軍人たちが裁判にかけられる、自分が退位して、戦争責任を取れば、誰も傷つかずに済む。そのために処刑されても構わない〟、天皇は、そこまで自分を追いつめていた。

その姿は、彼が転向する前に想像していた天皇とは全く違っていた。誰よりも日本を思い、日本人を思い、苦悩する人間だった。初めて神々しい人物を見た。その時、清玄は真の底から、この人のために死のうと思った。日本の支柱は、この天皇陛下でなければならない。彼は天皇陛下に奏上した。

「陛下はご退位なさってはいけません。軍は陛下がお望みでない戦争を押し付けました。国民はそれを陛下のご意思のように曲解しています。ご退位などはもってのほかです。国民民族の国民的統一が失われたら、日本の復興は不可能と考えます」

田中清玄の真の心から出た言葉であった。

偉人
13

「最後の早慶戦」

小泉信三

こいずみ しんぞう、1888／5／4〜1966／5／11。日本の経済学者（経済学博士）。慶應義塾長。

小泉信三は、「最後の早慶戦」で知られている。戦前、野球を敵性スポーツとして弾圧した軍部に向かって異議を唱え、軍部の反対を押し切って、最後の早慶戦を実施した。これは石坂浩二主演の映画にもなっている。

そして、もう一つのエピソードがハンセン病患者へのプレゼント野球であった。1952（昭和27）年の日本が独立を迎えた年、小泉は、ハンセン病患者さんたちが一流の野球の試合が見たいと希望を持っていることを知った。

彼らは、施設の外に出ることもできず、ハンセン病棟に閉じ込められて、娯楽のない闘病生活を送っていた。小泉は、それじゃあ、慶應大学野球部で紅白試合をしようと提案した。彼も戦争中の空襲で大やけどを負い、不自由な体を抱えていた。だからこそ、闘病生活を送るハンセン病患者を勇気づけたかった。

慶應野球部はハンセン病棟のある東村山の多磨全生園で紅白試合を行った。その時、ピッチャーとして好投したのが、のちに慶應野球部の監督を務めた前田祐吉だった。好投を続けていた前田だったが、思わぬ失投をしてしまった。アッと思ったが、球は、快音とともに外野を越えていった。ホームランだ。

〝やられた〟と思った前田だったが、拍手の音が聞こえてきた。それもパチパチじゃない。バタバタという音だった。チクショウと思いながら、拍手のほうを振り向くと、すごく楽しそうな顔をしたハンセン病患者の姿があった。

彼らは包帯を巻いた手で拍手をしていたから、音はバタバタだった。グラウンドを一周する打者を見て、患者たちがすごく充実した顔をしている。それを見た前田は思わず、ホームランを打ったバッターに「ありがとう」と言っていた。

打たれたにもかかわらず。野球は素晴らしいと思った。涙が出そうだった。「これが、これが、野球なんだ」。前田に、応援する患者たちの顔が刻み込まれた。

野球の素晴らしさを、ハンセン病の患者だけでなく、プレーヤーにも教えた今泉信三のスポーツ愛だった。

偉人 14

正力松太郎

清濁併せのむ「プロ野球の父」

しょうりき まつたろう、1885／4／11〜1969／10／9。実業家。読売新聞社社主、日本テレビ放送網社長。

読売新聞社の中興の祖といわれ、読売ジャイアンツの初代オーナーとして「プロ野球の父」ともいわれる正力松太郎。彼は日本テレビをつくってテレビ局の基礎を固め、原子力開発にも力を入れ、「テレビ放送の父」「原子力の父」とも呼ばれた。

その正力は、戦前、警視庁の警務部長にもなっている。その警部部長だった時に、虎ノ門事件が起きる。

虎ノ門事件とは、1923（大正12）年12月27日、皇太子裕仁親王（後の昭和天皇、当時22歳）の乗った自動車が虎ノ門公園の前を通過中、群衆の中にいた無政府主義者の難波大助に狙撃された事件である。

彼は警戒線を突破して車に接近し、ステッキ銃で撃った。銃弾は皇太子には命中しなかったが、同乗していた東宮侍従長・入江為守に当たり軽傷を負った。

この事件の衝撃は大きかった。皇太子狙撃事件である。この事件は内閣総辞職を起こし、警務部長だった正力は、1924年1月、この事件の責任を取って警視庁を懲戒免官されることになる。その後、正力は読売新聞を買収して、その社長に就任した。

その時、買収資金を調達してくれたのが後藤新平だった。当時の警視庁は内務省の管轄であり、正力が警務部長を辞めさせられた時の、内務大臣は後藤だった。

上司だった後藤新平は、元部下だった正力のために、心地よく資金を提供した。その額は10万円。現在の価格で6000万円を超える大金だった。

正力は、その金を元手に読売新聞を買い、徹底した合理化とさまざまなイベントや囲碁などの娯楽ページで新聞の部数を伸ばした。そして赤字だった読売新聞の黒字転換に成功し、莫大《ばくだい》な利益を上げるようになる。

1929年に後藤新平は亡くなる。そのあと、正力が後藤氏の長男である一蔵から、後藤がどのようにお金を調達したかを聞いた。後藤は、その金を、自宅を担保に入れて用意したのだ。

後藤の思いやりに正力は男泣きに泣いた！

正力は、「政治家だから、どこからか、うまく調達したのだろう」と軽く考えていた。自分の浅はかな考えに気がついた正力は、後藤を思い出しながら男泣きに泣いた。「俺ごときのために、自宅を担保にしてまでお金を用意してくれたんだ」。自分のばかさ加減に泣けると同時に、腹立たしくなった。そして、後藤に恩返しを誓った。

1941年、正力は後藤の故郷である岩手県水沢町（当時）に借りた金の2倍近い金を寄付し、後藤新平の記念館をつくった。当初は住民自治を意味する公会堂の名前をつけようとしたが、太平洋戦争下ではそれはできなかった。建設の許可を出す商工省の総務局長と直談判の末、生み出された名前が「公民館」だった。日本初の公民館（後藤伯記念公民館）ができたのだ。誰よりも国と国民のことを思った後藤新平に捧げる建物だった。

偉人
15

ダルマといわれた名蔵相

高橋是清

たかはし これきよ、1854/9/19～1936/2/26。日本の政治家。総理大臣、大蔵大臣、日本銀行総裁。

「一足す一が二、二足す二が四だと思いこんでいる秀才には、生きた財政は分からないものだよ」は、顔が真ん丸のダルマといわれた高橋是清が残した名言だ。

高橋は6回、大蔵大臣を務めている。3度目は、1927（昭和2）年、昭和大恐慌が襲っており、銀行が取り付け騒ぎを起こすような危機だった。秀才どもでは、手の打ちようがない日本経済の危機だった。大蔵大臣になった高橋は、日銀総裁と協力して、支払い猶予期間を設ける一方、銀行には片面だけ刷った200円紙幣をカウンターに積み上げさせ、預金者の不安を取り除いた。禁じ手には違いないが、秀才には思いもつかない手だった。

5度目の大臣就任時は世界恐慌の波が日本を襲ってきた1931年だった。その時、高橋が採った手は史上初の日銀による国債の引き受けだった。これにより政府支出を増額し、公共事業によって景気の回復とデフレの収束を図った。これも秀才にはできない手法だった。

そして、6度目が1934年のインフレが加速している時だった。高橋は軍事予算の圧縮を図った。インフレを抑えるにはデフレとは逆に、市中に出回るお金を減らす必要がある。彼は、軍事予算の増額を求める軍部の官僚に言った。

「国防のみに遷延して悪性インフレを引き起こしては、国防も決して牢固となり得ない。自分はなけなしの金を無理算段して、陸海軍に各1000万円の復活は認めた。これ以上は到底出せぬ」

だが、通じなかった。若い青年将校たちは、高橋を君側《くんそく》の奸《かん》と決めつけ、襲撃したのだ。1936年の二・二六事件だ。この時高橋は自宅で寝ていた。6発の銃弾が高橋の胸を貫いた。「何するかぁ」と叫んだ高橋はその場で絶命した。

その後日本経済は回復することなく、転げ落ちるように軍事関連企業だけがもうかる統制経済になった。そして、最後は破綻してアメリカに負けてしまう。その軍部の独走を、秀才たちは誰も止めることができなかった。

偉人 16

嵐寛寿郎

鞍馬天狗のおじさんことアラカン

あらし かんじゅうろう、1902/12/8〜1980/10/21。日本の映画俳優、映画プロデューサー。

『鞍馬天狗』のおじさんとして知られるアラコンこと嵐寛寿郎。その破天荒な人生は誰もが度肝を抜かれた。

しかし、彼自身は贅沢《ぜいたく》が嫌いだった。背広も靴も既製品で、和服も2、3着しか持っていなかった。戦前は大スターなのに撮影所までは京福電鉄嵐山線を使って通った。戦後になってもハイヤーは使わず、もっぱら円タク。均一料金で走るリーズナブルなタクシーだ。

彼は円タクを利用する訳を、「料金を払う時に、ワテは嵐寛寿郎だ、と言えば、みんなファンになってくれる」と語っていた。

彼は面倒見もよかった。戦時中、彼のつくったプロダクション「寛寿郎プロ」のスタッフの多くが戦死した。アラカンは、全国に散らばる、その者たちの家を一軒ずつ回って香典を供えた。そして、負傷したスタッフへの物心双方の援助も惜しまなかった。

稼ぐのは「生活のため以外にありますか?」

戦後の1957(昭和32)年、アラカンへ、新東宝の新社長になった大蔵貢から、映画『明治天皇と日露戦争』の出演依頼が来た。渡辺邦男監督によるシネマスコープという最新の映画で撮るという。

アラカンは最初、乃木希典役だと思っていたが、依頼は明治天皇役だった。戦前派のアラカンにとって、明治天皇を演じるのは畏《おそ》れ多い。だが、大蔵社長は元活弁士。まんまとまるめ込まれてしまい、とりあえず、考えてみましょう、と返事をした。

しかし、翌日の新聞にはアラカンが明治天皇役と大々的にスクープされていたのだ。令和の時代だったらあり得ない。しかし、当時は昭和30年代、ニッチもサッチも行かなくなったアラカンは明治天皇役で出演せざるを得なくなった。

この映画は大ヒット。総制作費2億円だったが、興行収入は8億円に上った。そして、新東宝側から、アラカンにボーナスが出た。10万円だった。アラカンは思った。

「8億円稼いで10万円か」

さらに、宣伝部から東劇で凱旋《がいせん》興行の舞台をやるので、出演してくれないかということだった。なんだ「10万円は宣伝映画の舞台出演代か」と思ったアラカンは、この10万円を蹴った。

だた、この時、アラカンのもとへは右翼から脅迫まがいの抗議文が来ていた。

「明治天皇を演じた貴方様が、生活のためとはいえ、下らぬ剣戟映画等に出演して居られますのは、まことに遺憾千万の事に御座候」

この時、アラカンはこう答えた。

「ほっといてもらいたい、生活のほかに何かありますか」と。

しかし、彼の稼いだ金は、ほとんどがスタッフへの援助に消えていった。彼自身は、生涯遊べるだけの金を稼ぎながら、財産はほとんど残さなかった。

偉人17

「怪傑ハリマオ」 谷 豊

たに ゆたか、1911/11/6〜1942/3/17。昭和初期にマレー半島で活動した義賊。

彼を偉人に加えていいか、少し疑問は残る。しかし、マレーで義賊として蠢《うごめ》き、最後は、日本軍のために命を捧げた人物として、偉人に挙げても異議は出ないであろう。

谷豊が日本にいる時、マレーにいた異母妹で末っ子の6歳の静子が殺されたのだ。彼女は病気で臥《ふ》せって自宅の2階で寝ていた。その時に、満州事変に反日感情をいだいた中国人が、彼女の首を切断し惨殺したのだ。

ここから、谷は義賊になる。この妹の事件が起こるまで日本人と中国人との間に軋轢《あつれき》はなかった。しかし、この事件から緊張関係が生まれるようになる。谷は中国人の商店に押し入り金品を奪った。そして、奪った金品を貧しいものに分け与えた。しかし、人殺しは決してしなかった。

　これに、貧しい人々は歓喜の声を上げた。谷はマレーの地で「ハリマオ」と呼ばれた。ハリマオとはマレー語で虎を意味する。戦後、この谷をモデルにしたテレビドラマが「怪傑ハリマオ」である。日本で大人気を博した。

　こんな谷に目をつけたのが、神本利男である。彼は、表向きはタイの商社マンだったが、裏の顔は日本軍の諜報員だった。神本は谷に近づくと、日本軍のために諜報活動をしないか、声をかけた。これに谷は乗った。日本のために何かしたいと思っていた谷だった。義賊としての強盗や窃盗には、警察の目が光って、表だって動けなくなっていた。彼は言った。

「神本さん、私は決して誇れるような生き方をしてこなかった。どうか死ぬ時だけは人々のために死にたい。私に死に場所を与えてください」

　１９４１（昭和16）年、日本軍はマレー侵攻作戦を開始しシンガポールを目指した。谷に与えられた任務は、この日本軍を側面から支えることだった。

　谷は、反攻を試みるイギリス軍の進路を断つため、橋を爆破し、イギリス軍に協力的なマレー人の分断活動をした。そして、日本軍の進撃を支えた。

谷に病魔が襲っていた

しかし、この時、谷はマラリアにかかっていたのだ。高熱に体中が燃えるようだった。だが、耐えに耐えた。「死ぬ時だけは人のために死にたい。日本のために死にたい」。ただそれだけだったが、体がもたなかった。谷はマレーのジョホールバルにある病院に収容された。その病院で生死をさまよった。日本軍は1942年2月15日、シンガポールに進軍した。そして、イギリス軍は日本軍に降伏する。その後、谷はシンガポールの病院に転院したが、長くはもたなかった。

谷は、マレーで結婚し、妻と同じイスラム教徒になっていた。亡くなる前、神本にイスラム教徒になるべく、改宗の儀式を行う約束をしていた。しかし、神本が最後に訪れた時、それができないと谷はわかっていた。そして何度もそれを詫《わ》びた。神本のガイドをしていた19歳の青年は谷が「すみません、すみません」と言っていることを聞いている。谷の死はそれから3日後だった。享年30。

偉人 18

松下幸之助

繁栄による平和と幸福を

まつした こうのすけ、1894／11／27～1989／4／27。松下電器を設立した実業家にして発明家、著述家。

松下幸之助の名前を知らない日本人は、若い人を除いてほとんどいないであろう。日本人のすべてが彼の発明したさまざまな電化製品のお世話になっている。彼の哲学が「繁栄による平和と幸福」だった。戦前、彼は熱心な天理教の信者に誘われて、無理やり天理教の本部に連れていかれた。その時、彼が見たものは建物を掃除している信者たちだった。

その信者たちは無料奉仕をしていた。彼らは宗教を信仰し奉仕することによって、死後の安寧を得ていた。では、自分はどうなのか。

自分には何があるのか。この時、松下は37歳であった。すでに事業を始めており、その2年前には会社名を松下電器製作所に変えていた。

実業家である自分は何ができるのか。どう生きればいいのか。彼は考え抜いた。

その時、脳裏に浮かんだのが、「繁栄による平和と幸福」だった。私がやるべきは、人々の死後の世界を幸福にすることではない。私には従業員がいる。彼らの幸せをいま築いてやるべきなのだ。そのためには、今こそ会社を繁栄させ、従業員たちにしっかりと給与を払い、彼らに幸せの家庭を築かせることだ。

そして、それが広がれば、多くの人が私の従業員になって幸せになれる。そのために、もっと会社を繁栄させよう。彼の目的は決まった。

戦後の混乱の中でも、さまざまな電化製品を生み出して、従業員を豊かにすると同時に、物のない時代の人々に商品を提供していった。松下は、私利私欲のない人だった。派手な贅沢《ぜいたく》もしていない。競馬の馬主になったり相撲のタニマチになったり、球団を買ったりはしなかった。すべて従業員に還元した。ラジオやテレビを買わせるような政策も取った。会社も従業員も豊かになる。

彼は、晩年にほとんどの会社の役員を辞めたが、最後まで残ったのが、ＰＨＰだった。ＰＨＰは彼の理念であるPeace and Happiness through Prosperityの頭文字を取ったものだ。まさに最後の最後まで「繁栄による平和と幸福」を求めた。

偉人
19

牧野富太郎

妻の献身で世界的植物学者へ

まきの　とみたろう、1862／5／22〜1957／1／18。日本の植物学者。「日本の植物学の父」といわれる。

牧野富太郎は、NHKの朝ドラ「らんまん」の主人公のモデルとなったことで、知っている方も多いと思う。彼の泣き笑いのドラマは多くの方に膾炙《かいしゃ》している。そして、そのドラマを通じて、妻、寿衛子の献身的な夫への愛に多くの人が感動した。

牧野富太郎の妻は54歳で亡くなっている。その妻が子どもたちに言った言葉が、「我が家の貧乏は世間でいう貧乏とは違い、学問のための貧乏だから恥ずかしいと思わないように」だった。

牧野家は妻が言うように非常に貧困だった。6人が亡くなったとはいえ13人の子どもを抱え、ただでさえ貧しいのに、彼は研究のためなら最高級の機材を買った。そして、その借財のために、自宅の家財が抵当に入ったこともある。

さらに、植物の鑑定を頼まれても、鑑定料を取らず、訪問者には自分で豆を挽《ひ》いて作った飲み物を提供した。いわゆる「牧野のコーヒー」だ。

こんな牧野に対して妻の寿衛子は「道楽息子をひとり抱えているもの」と言いながら、牧野には一切、家庭のこまごまとしたことなど、耳に入れなかった。

妻は、そのような貧困の中でも、少し余裕ができた時に、今の東京都練馬区の大泉に700坪の雑木林を買っている。それは、植物学者である牧野の研究に没頭してもらうためだ。

牧野は、この雑木林を愛した。こんな歌も詠んでいる。

「長く住みてあきし古屋をあとにみて、気に清む野辺に吾は呼吸せん」

牧野の研究を物心両面で支えたのが妻、寿衛子だった。しかし、その寿衛子も1928（昭和3）年に亡くなっている。乳がんだった。

牧野は、その亡くなった妻のために、発見した新種に「スエコザサ」と名付け、自宅の庭にも植えた。そして、いつまでも見つめていたという。

偉人
20

アングラ四天王のひとり

寺山修司

てらやま しゅうじ、1935／12／10～1983／5／4。歌人・劇作家。前衛演劇グループ「天井桟敷」主宰。

前衛演劇で知られる寺山修司。その才能は多岐にわたって秀でていた。

28歳の時に放送詩劇「山姥」（NHK）がイタリア賞グランプリと、同じく放送詩劇「大礼服」（CBC）で芸術祭奨励賞を取っている。

33歳の時には、カルメン・マキに詞を提供した「時には母のない子のように」が大ヒット。36歳の時には、ミュンヘン・オリンピック記念芸術祭で、野外劇『走れメロス』を上映した。さらに、38歳の時には、監督、脚本の映画『田園に死す』が芸術祭奨励新人賞を受賞している。まさに、演劇、作詞、映画と八面六《ろっ》臂《ぴ》の活躍だ。

その才能は中学校時代にはすでに開花していた。中学校時代の通知表には「書く表現力、話す表現力、批判する能力、理解し問題解決する能力、創造的な表現」などが高い点数を取っている。

しかし、彼にとって子どもの頃の思い出に、いいものは何もなかった。父親の仕事は特高警察刑事だった。その父は忙しくほとんど家にいなかった。さらに、自宅は青森の大空襲で焼かれ、母とともに父の兄の家の2階に転がり込んだ。

父親は戦地で病死し、そのため、戦後、母親は進駐軍の米軍キャンプで働いた。それらのこともあってか、寺山は子どもの頃にひどいいじめにも遭っている。

それらの鬱積《うっせき》が、寺山にとって、もともとあった表現力と創造力が躍動するバネになったのかもしれない。大学生になった寺山は短歌や詩、シナリオと次々と才能を発揮していった。しかし、それも長くは続かなった。病魔が彼を襲っていた。彼は信頼する医者と今後の治療を話し合った時、こう話している。

「いま、45歳だけど、あと5年間は演劇をやりたい。その後、10年間は文筆一本に絞る。だからとにかく60歳まで生かしてほしい」

こう願った寺山だったが、この2年後、47歳でこの世を去った。肝硬変と腹膜炎のため敗血症を併発した病死だった。

偉人
21

日本のテレビの父
高柳健次郎

たかやなぎ けんじろう、1899／1／20〜1990／7／23。工学者、日本ビクター元副社長・技術最高顧問。

世界で初めてブラウン管に「イ」を映し出した人物が高柳健次郎である。静岡師範学校を卒業した高柳は1924（大正13）年、浜松高等工業学校（現静岡大学工学部）の助教授に迎えられた。そこで、高柳はテレビを完成させた。

完成したのは、昭和が始まった1926年12月25日だった。彼の研究は脚光を浴びた。それから10年後、彼の研究を使った大プロジェクトが動き出した。

1940年に、日本初の東京オリンピックの開催が決まった。そこでテレビ放送を使って大モニターに競技を映し出すことが計画されたのだ。これを目指して高柳とNHKの研究開発が始まった。

しかし、その2年後、日本は東京オリンピックの開催を中止した。日中戦争が起こり、軍事費のため、開催する余裕がなくなってしまった。

大々的に始まり、さまざまな研究開発が進んでいたテレビ放送は中止されてしまった。高柳も軍部によって、軍事レーダーの開発に回された。高柳のテレビ開発の夢は頓挫したのだ。だが、それにめげない高柳だった。1945年、日本は終戦を迎えた。高柳は「これで再度テレビ開発ができる!」と、勇んでNHKの研究所へ向かおうとした。

しかし、これもGHQに止められた。軍事レーダーを開発した高柳が軍部に協力したとして、NHKで働くことがダメになったのだ。またも夢は頓挫した。

だが、ここで諦めないのが高柳だった。翌年日本ビクターに入社すると、再度NHKや東芝、シャープと組んでテレビ放送の開発に取り組んだのだ。そして、テレビ放送が完成すると、続いてビデオテープレコーダーの開発に取り組んだ。

1959年、高柳の研究チームは世界に先駆けて、2ヘッド方式のビデオテープレコーダーを完成させた。それが、世界に先駆けるVHSの開発につながっていく。世界に技術大国日本を知らしめる一つになった。

偉人 22

憲政の神様

尾崎行雄

おざき ゆきお、1858/12/24〜1954/10/6。政治家。「憲政の神様」「議会政治の父」とも呼ばれる。

「あの戦争が、どの国家のためにもならなかったことだけは真実だ」

1919（大正8）年、第一次世界大戦が終わった後、ヨーロッパを視察した尾崎行雄は、こう記録に書き留めた。

戦前、議会政治が成り立っていた時を除き、常に反戦を訴え翼賛与党と議会でぶつかっていた人物が尾崎行雄である。その尾崎の平和主義は、このヨーロッパ視察によって培われた。ヨーロッパの人々にとって世界大戦は、第二次世界大戦ではなく、第一次世界大戦を指す。大量破壊兵器が登場し、ガス弾など、人々を後々まで苦しめる化学兵器が登場したのも第一次世界大戦だ。

この尾崎がアメリカのカーネギー財団に招かれてアメリカに滞在している時、満州事変が勃発した。この時、尾崎は「何ということだ。日本は破滅に向かっている」と急遽《きゅうきょ》、日本に帰ろうとしたが、状況が許さなかった。

さらに翌1932（昭和7）年、五・一五事件が起こる。そこで議会政治を共に担ってきた盟友の犬養毅が殺害された。だが、この時も妻ががんになり、その手術のために帰ることができなかった。

そして、妻の療養のためにロンドンに渡った尾崎だったが、その妻も療養の甲斐なく死んでしまう。尾崎は、妻の死をグッとこらえ、日本に帰国しようとした。しかし、周囲が止めた。軍部の力が台頭している日本に帰ったら殺されると。だが、尾崎は、もう失うものはなかった。彼らを振り切って日本に帰国した。帰国すると待っていたのは、軍国主義者や右翼たちからの攻撃だった。「国賊の尾崎を殺せ！」。彼らはわめいた。

しかし、尾崎は信念を曲げなかった。反戦・軍縮をより強く主張した。さらに議会では、「（楠木）正成が敵に臨める心もて我れは立つなり演壇の上」という辞世の句を懐に入れて、軍部批判を2時間にわたって繰り広げた。死を覚悟した発言だった。

偉人 23

沢村栄治

ベーブルースを三振にした男

さわむら えいじ、1917/2/1〜1944/12/2。戦前に大活躍した三重県出身のプロ野球のピッチャー。

1934（昭和9）年11月20日、読売新聞主催の大リーグ選抜チームと全日本野球チームの試合が静岡の草薙球場で行われた。この時の先発が沢村栄治だ。

彼は速球とドロップで大リーガーたちをきりきり舞いにした。ドロップとは今でいう縦の落ちるカーブのこと。この球を武器に、1回裏1死から4者連続三振をとった。この4人のなかには三番にベーブ・ルース、四番にゲーリッグがいた。

この連続三振に、日本の観客は大歓声を上げた。試合自体は、7回にゲーリッグのホームランが出て1－0で敗北したが、沢村は9奪三振の完投だった。

この時、沢村は17歳。最速の球は150㎞になっていたといわれる。当時の速球派といわれるピッチャーでも120㎞ほどだったから、沢村の球の速さは観客だけでなく大リーガーたちの度肝を抜いた。

しかし、沢村の栄光は、たった2年でしかなかった。1938年、最初の召集令状が来た。沢村は3度召集されている。最初の招集は中国戦線だった。その滅戦地で沢村は左手に銃撃を受け、弾が貫き手に穴が開いた。2年後に野球界に復活した沢村だったが、この傷がもとで、以前の剛速球が投げられなくなっていた。

2度目の召集は1941年だった。沢村は、戦傷兵としての召集だったため衛生兵だった。しかし、赴任先はフィリピン戦線の激戦地で、敵兵から逃げる時に銃撃を浴びた。命からがら何とか逃げた沢村だったが、その時の傷で、もうボールを投げられる状態ではなかった。

翌42年、沢村は巨人軍のユニホームを着た。しかし、1勝も挙げられなかった。そして、非情にも、巨人軍は沢村にクビを言い渡したのだ。

そして、3度目の召集が、1944年10月だった。沢村はレイテ沖の水際作戦に参加すべく軍隊輸送船に乗っていた。その船が、台湾沖にさしかかる時、敵の魚雷が襲った。魚雷が命中した船は、沢村とともに海に沈んでいった。

沢村はこの時、27歳だった。戦争がなければ、沢村は野球選手として、もっと活躍していたはずだ。27歳は野球選手として一番脂が乗っている年齢だ。

だが、沢村の悲劇は、戦争だけが生み出したものではない。もし、沢村が高校を中退せず大学に入っていたら、戦地での死は免れていたかもしれない。

実際、プロ野球に入る前に、沢村は慶應大学に進学する予定だった。

しかし、その進学をやめさせて無理やりプロ野球に入れたのは巨人軍だった。

もし、大学に入っていれば、3度も召集されることはなかった。日中戦争の当初は、大学生は兵役が免除されていた。その後、学徒出陣があったが、大学生であれば召集されても将来の幹部候補生だから、激戦地に送られることはなかった。

だから、当時の多くのプロ野球選手は、私立大学の夜間に籍をおいて試合に出ていた。しかし、沢村は高校中退。学歴は中卒だった。巨人軍の説得に負けずに慶應大学に行っていれば、沢村は戦後の野球界のスーパースターになっていたに違いない。

戦後、巨人軍は沢村栄治の背番号14を永久欠番にして、その栄誉をたたえた。償いだったかもしれない。

偉人
24

政界のミッチー
渡辺美智雄

わたなべ みちお、1923/7/28〜1995/9/15。政治家。大蔵大臣、通産大臣、厚生大臣などを歴任。

「野党は番犬と同じ。時々吠《ほ》えてもらわないと困る」

ズバリ本質を突いた、誰もが納得してしまう暴言で知られる渡辺美智雄。独特のアクの強い栃木弁で語られる失言は、誰もが失笑してしまうだけで終わった。

渡辺は衆議院議員を11期務め、大蔵大臣、通商産業大臣、厚生大臣、農林水産大臣、副総理兼外務大臣と軒並み主要大臣を歴任した実力派の政治家だった。

彼は里親に育てられた。美智雄は当時の思い出を文藝春秋（1986年1月号）で語っている。

「（私は）粉ミルクや重湯で育てられた。栄養不足で夜中に泣きだすとビール瓶に重湯を入れて、毎晩抱いて寝たと聞いている。（中略）5、6歳の頃だったか近所に口うるさい老婆がいて『美智雄』はおナミさん（里親）の子どもではないと言われ、子どもながらにカンカンに怒り、その老婆の頭を火吹き竹でなぐりつけ、悲しくて家出してしまったことがあった。けれどその日の夜、探し出され、『お前はかあちゃんの本当の子どもだよ』といわれて嬉し泣きに泣いたことは今でも鮮明に目に浮かぶ」

暴言や失言を吐く渡辺美智雄だったが、「ミッチー」と呼ばれ、その人柄は誰からも愛された。母親の愛が美智雄を真まっすぐな人間に育てた。苦労人であっただけに、夜討ち朝駆けの記者が渡辺宅を直撃すると、自ら厨房に立って彼らのために酒のつまみと酒を用意した。

1990年、その渡辺は、中曽根派の領袖を引き受けて渡辺派をつくった。渡辺の最後の闘いは総理大臣になることであった。若い頃から渡辺は総理になると公言していた。主要大臣はすべて務めていた。

1991年、初めて自民党総裁選に立候補する。しかし敗北。その後、渡辺は膵臓《すいぞう》がんにかかり政治活動の傍ら闘病生活が続いた。それでも、1994年4月、細川内閣が退陣の時、新進党の小沢一郎から、自民党の離党と引き換えに総理にならないか、打診を受けた。

渡辺はその誘いに乗るべく、仲間を集めて離党を考える。しかし、同調者は十数人しかいなかった。さらに河野自民党総裁の強い慰留を受けて離党をとどまった。

結局、渡辺は総理になることができなかった。膵臓がんによって急速に衰えた肉体は、ついに限界を迎える。1995年9月15日、渡辺は帰らぬ人となった。

誰もが望んでいたアクの強い栃木弁の総理

この渡辺の追悼の演説をしたのは、同じ選挙区でしのぎを削った船田だった。彼は言った。

「一度は渡辺先生に総理大臣をやらせたかったと思う国民は決して少なくなかった」と。多くの国民は、本当にそう思った。あのアクの強い栃木弁の総理を一度は見たかった。

偉人
25

早川雪洲

日本人初のハリウッドスター

はやかわ せっしゅう、1886/6/10～1973/11/23。ハリウッドで活躍した日本の俳優、映画監督、脚本家。

1907（明治40）年、3月3日、房総半島の先端部にある「鬼ケ瀬」で、アメリカの2万トンにも及ぶ大型商船が座礁した。「鬼ケ瀬」は地元の人でも嫌がる船の難所である。

地元漁民は十数隻の船を出して、アメリカ人の乗組員を救助しようとした。しかし、それをアメリカ人は拒んだのだ。彼らは、日本人の漁民を、沈没する船から荷を盗み出す海賊と思った。さらにアメリカでは反日感情が高まっていたのが、その抵抗を増長した。

その日本人漁民とアメリカ人の間に立って、通訳をし、漁民たちの真意を伝えたのが早川雪洲である。これによってアメリカ人の乗組員726名は救われた。

この時、早川は19歳、海軍予備校を出たての若者だった。彼が海軍予備校で習った英語が役に立った。

その時、早川は失意のどん底にいた。海軍予備校は出たものの、海軍兵学校の試験は通らなかった。試験前に素潜りの練習をしている時、耳を傷めてしまった。それが化膿《かのう》し頭部に膿《うみ》がたまったまま身体検査を受けたために、不合格になってしまったのだ。

その失意の早川に希望を持たせたくれたのが、この時の通訳だった。まだ、自分には未来がある。日本とアメリカの懸け橋になろう。彼は耳の病気が治ると、アメリカの名門シカゴ大学に入学。そして卒業すると、アメリカのロサンゼルスにあるリトル・トーキョーで、演劇を始めた。

その演劇する早川を見いだしたのがハリウッドの映画プロデューサー、インスである。彼はさっそく早川をハリウッドに招くと、彼を売り出した。

当時はサイレント映画の全盛期、早川は東洋的神秘と近づきがたい雰囲気を醸し出す圧倒的な二枚目だった。彼が画面に映し出されるだけで、うっとりする女性が続出したという。そして、彼はハリウッドの大スターになった。

ハリウッドを追われた早川

その後、早川は映画の監督や脚本、プロデュース業も行うが、ハリウッドでの生活は長くは続かなかった。日米間の緊張と、反日感情の高まりで、彼はハリウッドにいることはできなくなった。そして、活躍の舞台をパリに移した。

1937年、彼はヨーロッパで日本とドイツと合作、『新しき土』の映画に出演する。この映画はドイツで高い評価を受けた。しかし、そのヨーロッパもナチスドイツによって蹂躙《じゅうりん》されようとしていた。

1941年、そのドイツにフランスは占領され、親ナチスのヴィシー政権が誕生した。一方、パリに拠点を移していた早川は、自らのプロダクションをつくり映画製作をしていたため、パリにとどまっていた。

この時、早川は、薩摩治郎八と知り合う。この薩摩は実家から与えられた莫大《ばくだい》な財産をもとに、華麗で豪華に金を浪費した。その額は10年で600億円（現在価格）に達したという。そのため、パリの社交界で、爵位がないにもかかわらず「バロン薩摩」と呼ばれた。

親ナチスのヴィシー政権は早川に、ナチスを宣伝するプロパガンダの映画を求めた。ドイツで高い評価を受けた『新しき土』があったからだ。しかし、早川は一切協力することはなかった。早川は戦争に対する非常に強い嫌悪感があった。

1944年、そのヴィシー政権が連合軍によって崩壊すると、新しくできたフランスの政権はナチスの残党狩りを始めた。それは日本人も同じだった。ヴィシー政権に協力的だった日本人も拘束された。

その時、その日本人を救ったのが早川とバロン薩摩だ。早川は一切ヴィシー政権に協力していない。だから彼が表の顔になりフランス政権と交渉し、バロン薩摩はフランス上流階級とのコネクションを生かして、裏から政権に根回しした。バロン薩摩は、誰とも、どの党とも、政治的関わりを持つことを嫌った。

早川とバロン薩摩の動きがあって、多くの日本人が解放され、パリから日本に帰国した。早川にとって日本人を救うことは、19歳の時に、沈没した船からアメリカ人を救うのと同じだった。

偉人
26

台湾に世界一のダムを

八田與一

はったよいち、1886/2/21〜1942/5/8。台湾の振興に尽力した日本の水利技術者。

1931（昭和6）年5月10日、台湾の烏山頭《うさんとう》ダムが完成した。当時、このダムは世界一の規模を誇った。ダムの貯水量は1億5000万トン。東京都の水がめである狭山湖の7・5倍の巨大なものだった。

翌11日から3日間にわたって祝賀会が開かれた。その時集まった招待客は3000人に及んだ。台湾の人々が待ちに待ったダムの完成だった。

このダムをつくったのが八田與一。日本の発電・灌漑《かんがい》事業の技術者だ。

1918年、八田は台湾南部の嘉南平野の調査を行った。この嘉南平野は、日本の香川県に相当する広大な平野である。耕地面積としても台湾の6分の1を占めていた。さらに、亜熱帯性気候であるため、二毛作や二期作、三毛作や三期作も可能な場所であった。台湾南部の人々の食糧庫としては非常に有望な土地だったのだ。

しかし、水利に問題があった。年間降水量は2000ミリを超える場所であるから作物を生産するには十分な水量があった。しかし、流れる河川は急流で、雨期には一気に水が流れ落ちてしまう。逆に乾期になると、土地が干上がってしまう。水利さえ整えば、本当に台湾南部の食糧庫になるはずの場所だった。

当時、台湾を統治していたのは日本政府だった。政府の役人でもあった八田はここにダムをつくることを計画する。ダムができ、水が平野に行き渡れば、台湾の人々はより豊かになる。

しかし、そのダムの規模は、世界一である。総工事費の予算も4200万円。台湾総督府の年間予算の3分の1にあたる。そのため、日本政府は1000万円を用意するが、残りは地元の農民と利害関係者で補うことになった。

1920年にダム建設はスタートした。ダム建設地には2000人の工事関係者が街をつくった。しかし、2年目に悲劇が襲う。爆発事故が起こったのだ。日本人を含む50人の死者と100人の負傷者が出た大事故だった。

それでも、工事は続けられた。ここでやめてはならない。絶対にダムは完成させる。嘉南平野を肥沃《ひよく》な平野に変える。八田の意思は揺るがなかった。

撃沈された八田の乗った船

そして、完成の日を迎える。その前日、工事で亡くなった人たちの慰霊碑が建てられた。そこには、亡くなった順で一人一人の名が刻まれた。台湾人も日本人も関係なく名が並んだ。ダムは台湾人と日本人の合作だった。

完成後、ダムから水路に水が放流された。ほとんど水平にしか見えない水路に水が流れていく。その流れていく水を見た台湾人も日本人もみな感動の涙と拍手を送った。

1942年、八田は軍の命令で船の上にいた。フィリピンの綿作灌漑調査のためだった。その船が五島列島付近にさしかかったところに、アメリカ軍の潜水艦から魚雷が発射された。船は撃沈され、八田も死亡した。その八田の遺体は対馬海流に乗って山口県萩市沖に漂着。萩の漁師によって引き揚げられたという。

偉人
27

コンビニの父
鈴木敏文

すずき としふみ、1932／12／1〜。実業家、セブン＆アイ・ホールディングス会長兼最高経営責任者（名誉顧問）。

今やどこにでもあるコンビニ。そして、なくてはならないのがコンビニ。そのコンビニエンスストア、セブン－イレブンを日本で始めたのが鈴木敏文だ。

彼は、イトーヨーカ堂の幹部だった時、視察に訪れたアメリカのカリフォルニアで、初めてコンビニを見た。そこでは、定価で商品が販売されていた。それでも、商品は売れていく。誰も苦情を言わない。日本では考えられないことだった。

1970年初頭の日本ではスーパーマーケットがより巨大化し、店舗間で安売り合戦を繰り広げていた。定価など、あってもないようなもの。値引きを目立たせるためだけにあるようなものだった。

しかし、アメリカでは違う。小さなお店でも定価販売で売れていく。彼はこれだと思った。安売り合戦では身を削るだけ、体力勝負の消耗戦だった。

鈴木はコンビニの導入をイトーヨーカ堂に提案した。しかし、当時は大型店全盛の時代だった。どの役員も小型店など未来はないと、否定した。

だが、鈴木は粘った。大型店と小型店はすみ分けができる。反対を押し切り、彼はアメリカのコンビニを展開するサウスランド社と提携し、日本にコンビニを持ち込んだ。

その1号店は1974年5月15日オープンした豊洲店である。オープンにあたってチラシを配布した。そこには「便利で重宝なお店」という謳《うた》い文句と、「いつでもすぐ買える」「なんでも揃《そろ》っている」「お手軽な食べものがお好きな時に」と書かれていた。手ごたえはあった。

しかし、不安はある。オープン初日はあいにくの雨だった。不安は一層膨らんだ。だが、開店を見た鈴木は思わず涙が出そうだった。お客さんの長蛇の列だった。反対を押し切った鈴木の勝利だった。

現在、スーパーマーケットはどんどんなくなっている。一方で、コンビニは増え続けている。ピークを越えたとはいえ、全国で5万7600店舗を数える。

偉人 28

岸 信介

安保改定の巨魁《きょかい》

きし のぶすけ、1896/11/13~1987/8/7。日本の政治家、官僚。第56代、57代で内閣総理大臣。出生名は佐藤信介。

功罪両面の人物である岸信介。戦前、商工省工務局長を務め、自動車製造事業法を成立させている。この自動車製造事業法は国が製造企業を決めて国策として自動車産業を推進していくというものである。

これによって、現在の日産とトヨタ、そしていすゞが企業に指定されている。戦後、この自動車産業が日本経済の推進力になったことは誰もが承知していると思う。その基礎をつくったのが岸信介である。

戦後、満州国経営に携わったことで岸信介は、戦犯に問われた。しかし、米ソの冷戦が始まると、社会主義に対する防波堤として日本の重要性が認識され、その指導者として岸信介が選ばれ政界へ復帰した。

岸は社会主義に対抗するため、アメリカだけでなく韓国とも手を結び、統一教会とも接点を持った。安倍晋三の銃撃の元をつくったのは岸である。

だが、アメリカを後ろ盾にしつつも、日本を西側の資本主義国として強くしていくという岸の考えは、現在の日本の繁栄の基礎をつくったのも間違いない。

１９６０年、岸は日米安保条約の改定を推し進めていた。日米の軍事同盟は必ずや将来のためになると考えていた。しかし、左翼陣営は軍事同盟が社会主義国との対立を生み、新たな火種になるとして反対した。彼らは20万人もの規模で国会を取り囲んだ。

その時、岸は「国会周辺は騒がしいが、銀座や後楽園球場はいつも通りだ。私には声なき声が聞こえる」と述べ沈静化を呼び掛けたが、この言葉を聞いた反対勢力はより燃え上がった。しかし、彼は断固として日米安保条約の改定に進んでいった。

その時、まだ小さかった孫の安倍晋三は「アンポ、ハンタイ」と言って、首相公邸ではしゃいだ。その言葉を聞いた岸は、苦笑いをしながら、「それは言わないでくれ」とつぶやいたという。

偉人
29

私鉄経営の神髄
小林一三

こばやし いちぞう、1873／1／3～1957／1／25。実業家、政治家。阪急東宝グループの創業者。

阪急鉄道を中心にして私鉄経営のモデルをつくった人物が小林一三だ。鉄道を中心に都市開発を行い、不動産事業を手掛け、百貨店やスーパーを駅の周辺につくり流通事業にも乗り出した。

さらに、駅を拠点とした東宝映画や宝塚歌劇団、阪急ブレーブスなどの興行と観光事業を行った。これらによって、鉄道業は関連事業の相乗効果で、より収益を拡大していった。

現在の多くの私鉄や民営化したJRなど、鉄道事業の基本的な収益構造は、すべて小林一三がつくり出したと言っても過言ではない。

特に、小林一三をまねて事業を展開した人物に東急電鉄の実質的な創業者、五島慶太がいる。首都圏に大きな鉄道網を誇る東急電鉄は、目黒蒲田電鉄を足掛かりに大きくなった。この電鉄の創業を五島に諭したのが小林一三だ。

五島は小林を師と仰ぎ、小林が映画の東宝をつくると東映をつくり、プロ野球団の阪急ブレーブスをつくると東急フライヤーズをつくった。

五島の東急電鉄は、小林の経営モデルをまねて大きくなっていった。しかし、まねしなかったことがある。それが全線を立体交差にし、全駅にトイレをつくることだった。五島はこう言っている。

「彼の乗客サービスに対する考え方だけはわからなかった」

小林は乗客のためにトイレをつくり、鉄道を利用する周辺住民のために鉄道を高架化した。一企業より地域とお客さんを大事にした。

確かにそれは、五島の言うとおり、それは余分な費用を生み、企業の収益を圧迫する。しかし、小林の言葉には以下のようなモノがある。

「商売繁昌の秘訣《ひけつ》は信用にあり、信用を得る道は誠実にお客本位に行うことである」

日本が古来守ってきた商売の鉄則である。五島にはこれがわからなかった。

偉人 30

豊田喜一郎

父から受け継いだ精神

とよだ きいちろう、１８９４／６／11〜１９５２／３／27。日本の経営者、技術者、トヨタ自動車創業者。

豊田喜一郎の実家の創業事業は自動織機であった。平たく言ってしまえば織物の機械である。その後、織機産業が不況に陥ると、豊田は紡績にメインを切り替え、喜一郎は強い糸をつくり出す精紡機を開発し、事業は拡大していった。

しかし、喜一郎は自動車に惹《ひ》かれていた。彼は１９２９（昭和４）年から30年にかけての欧米の視察で、自動車が隆盛を迎えていることを目の当たりにした。これからの産業は自動車だ。彼はそう確信した。

さらに、日本で、アメリカのフォード社の車、Ｔ型フォードが公道を縦横無尽に走っている姿を見て、このままでは日本はアメリカ車に席巻されてしまうと危機感をいだいた。このままでは、日本の企業はフォード社の下請けになってしまう。急いで、日本車をつくり上げなければならない。彼の使命になった。

その頃の喜一郎は豊田の常務取締役であったが、紡績工場の一角で自動車をつくり始めた。喜一郎は父、佐吉と同じく職人肌の技術者だった。自動車をつくり始めた頃は、道楽的にみられていたが、徐々に本格化していった。

喜一郎は、彼より先にアメリカ視察をしていた父、佐吉にも言われていた「これからは自動車だ」。

本格的に自動車が完成すると、次は量産体制である。そのためには工場が必要になる。１９３８年、彼は工場用地として愛知県挙母町（現・豊田市）の広大な原野を用地にしようとした。そして、工場の設計を進め、板金組み立て工場、機械仕上げ工場を各１０００坪の規模で計画した。

工場にかかる費用は２００万円（現在の価格で数百億円）

しかし、もろもろの工作機械も入れると２００万円の費用が必要となった。今でいえば数百億円の額である。いくら常務取締役とはいえ一存では使えない額だ。

この年の12月、喜一郎は緊急の取締役会を招集した。そして、会社として費用を工面してもらうよう取締役会に諮った。この時の社長は姉の夫である義兄の豊田利三郎だった。巨額にしり込みがちだった利三郎だが、喜一郎の熱弁に心を動かされた。

「現在、豊田は織機の販売が好調で大きな利益が出ています。しかし、将来的に繊維産業は大きな伸びが期待できません。競争も激しくなっています。会社の発展には新たな事業が必要です。それが自動車産業です」

さらに、日本政府が進める自動車産業の振興法、自動車製造事業法が成立間近であった。しかし事業者に指名されるには一定の資格が必要だった。ここで自動車工場を整備しないと、事業者から漏れてしまう。利三郎は決断した。

「わかった」。トヨタが世界一の自動車企業になる最大のターニングポイントだった。

喜一郎はホッとすると同時に責任を痛感した。そして父の言葉を思い出した。

「次は自動車産業だ」「失敗を恐れるな」「一人一業だ」父の事業を受け継ごうなんて思うな。おまえが新しい事業を立ち上げるのだ。豊田家は常に「一人一業」だ。喜一郎に父の声が聞こえた気がした。4年前に亡くなった佐吉の声だった。

第二章

偉人たちの苦悩と悲劇

偉人31

池田勇人

所得倍増計画の真価

いけだ はやと、1899/12/3~1965/8/13。日本の政治家、大蔵官僚。第58~60代の内閣総理大臣。

昭和の時代には「所得倍増計画」をぶち上げ、それに成功した総理がいた。池田勇人である。元通産相の官僚であった堺屋太一は『歴史の遺訓に学ぶ』(致知出版社、2016年3月刊)の中で、以下のように池田を評価している。

「彼の功績は、戦後日本の理想を『経済大国』と見定め、『所得倍増計画』をつくって経済成長を実現したことでしょう。あの所得倍増計画は単なるキャッチフレーズではなくて、非常に綿密な計画を作ったんですね。地域構造から金融政策まで一律に、一気通貫に新政策を立てた。これはたいしたことだと思います。(中略)その中には全国総合計画があり、金融政策があり、財政計画がありました。総合政策として所得倍増計画を立てたわけです。

しかも10年計画だったのを7年で達成した。あの時代にはインフレも財政赤字も起こっていませんから、これは立派だったと思います」

池田勇人は、大蔵省の官僚から政治家になった人物だ。京都大学出身だったために大蔵省では傍流に甘んじた。さらに、難病で大蔵省を辞めることになる。

政治家としては吉田のもとで働くが、吉田の政敵の鳩山が総理になると冷や飯を食うことになる。総理になれたのは安保国会で岸内閣がつぶれたからだった。

しかし、1960（昭和35）年に総理になると、61年ブレーンたちと秘めていた「所得倍増計画」を発表。安保で議席を減らした自民党は301議席まで数を伸ばした。だが、病魔が池田を襲った。がんだった。

池田のがんはひた隠しにされた。総理の重病は政局になる。しかし、もう体がボロボロだった。池田は総理の任期を終えて1964年退陣。そして佐藤栄作を後継に決めると、療養生活に入った。

翌年8月4日、がんは全身に転移していた。食道、肺のがんの摘出手術をしたが、遅かった。同月13日肺炎を引き起こし、帰らぬ人となった。享年65。国民の「所得倍増」のために生まれ、死んだ総理だった。

偉人32

長谷川一夫

頬を切られた時代劇スター

はせがわ かずお、1908／2／27～1984／4／6。日本映画界を代表する二枚目の時代劇スター。

戦前から戦後にかけての二枚目の時代劇スターとして知られる長谷川一夫。彼は戦前、顔を切られたことがある。

長谷川の映画デビューは1927（昭和2）年の松竹からだった。それから10年後、長谷川は松竹から東宝へ電撃的に移籍する。松竹のドル箱スターになっていた長谷川のライバル会社への移籍は、各マスコミの非難を巻き起こした。

ただし、この移籍は長谷川の本意ではなかった。松竹の長谷川に対する扱いに母親が憤慨して、息子に黙って東宝との契約にサインをしてしまったのだ。

東宝に移籍した長谷川だったが、そこに悲劇が待っていた。「松竹への恩義を忘れた不徳義漢」と騒ぐ撮影初出入りのチンピラ2人に襲われたのだ。

このチンピラ2人は、松竹に近い筋の幹部が「可愛がってやれ」と言われて実行したものだ。ただし、幹部はそこまで考えてなかった。せいぜいパンチの2、3発を腹にでも入れてこい、というつもりだった。しかし、チンピラ2人は幹部の言葉を「痛みつけろ」と勘違いした。長谷川の顔をナイフで切りつけたのだ。

重傷だった。長谷川は顔を押さえた手が自らの歯に当たったたという。頬が貫通していた。二枚目スターの顔は最大の商売道具、これで長谷川は俳優業を諦めた。

しかし、治療中に励ましに来てくれるスタッフや大部屋の俳優たちに助けられた。ライバル俳優は誰も見舞いに来ないが、彼らは毎日のように来てくれる。長谷川は、彼らのためにも、もう一度頑張ろうと心に決めた。

復帰した長谷川は、特別なメイクで傷を隠し銀幕に登場した。その復帰1作目『藤十郎の恋』の客反応が気になった長谷川は、顔を隠して封切り映画館へ行った。映画館に入ると場内は満席。そして、映画が始まり自分の顔がアップになると、「ワーッ」と歓声が上がった。この声を聞いた長谷川は思わず、嗚咽《おえつ》が漏れ、涙がとめどもなく流れてきた。それからだ、彼は愛弟子たちに必ず言うようになった。「裏方さんを大事にしろよ。彼らがいてこそスターが輝くんだ」と。

偉人
33

力道山

涙で語られた出生の秘密

りきどうざん、1924／11／14〜1963／12／15。元力士、日本のプロレスを隆盛に導いたプロレスラー。

力道山は15歳でスカウトされ大相撲の世界に入った。実力は高く、１９４０（昭和15）年に初土俵、46年11月場所で入幕し、47年6月場所では9勝1敗で優勝決定戦に出場している。しかし、１９４９年に関脇に昇進するが肺の病気で引退を決意、50年9月場所前に廃業を宣言しプロレスに転向している。

力道山が結婚した相手は日本航空の客室乗務員だった田中敬子さんだ。一目で惚《ほ》れた力道山は熱烈なプロポーズの末、彼女と一緒になることができた。その彼女と婚約を発表したのは１９６３年1月だった。力道山が婚約発表して間もない頃、意を決して彼女に告白したことがある。それは出生の秘密だった。

「俺は朝鮮半島で生まれたんだよ。結婚相手は朝鮮人でもいいか」

この告白を田中は文藝春秋２０２４年8月号で話している。田中は、この告白を聞いて、「私は、あなたがどこの国の人であろうが構いません。私は百田光浩（力道山の本名）という人間が好きで結婚するんです」と答えた。

力道山は、その言葉を聞くと絶句してボロボロと涙を流した。田中は「あれほどの涙を見たのは後にも先にもあの時だけだった」と話している。

この当時は、すでに力道山は国民的スターになっていた。公では長崎県大村市の出身となっていたが、朝鮮出身であることを偽っている重荷があった。力道山は、田中にこんなことも話している。

「朝鮮人である自分をここまで育ててくれて応援してくれたのが日本なんだ。俺は、人生を懸けて日本のみなさまに恩返しをしなきゃいけないんだ」

しかし、その恩返しの時間はほとんどなかった。力道山はその年の12月8日、暴力団員に腹を刺されて入院。ケガは回復しているように見えたが、腹膜炎による腸閉塞《へいそく》を起こし、緊急手術になった。しかし、間に合わなかった。15日に帰らぬ人となった。その手術前、敬子さんに最後に語った言葉がある。

「俺はまだ死にたくないんだよ」だった。やり残していることは山ほどあった。

偉人
24

美空ひばり

生死をさまよった天才少女歌手

みそら ひばり、1937／5／29～1989／6／24。9歳でデビュー、その歌唱力で天才少女歌手と呼ばれた。

天才少女と呼ばれて9歳でデビューした美空ひばりだが、何度も死の淵を歩いている。まだ、美空和枝と名乗っていた10歳の時、四国を巡業中のことだった。

美空は次の公演地に向かってバスに乗っていた。

そのバスが高知県大杉村（現在、大豊町）の断崖絶壁に沿った一本道を走っている時だった。前方から来たトラックとすれ違った瞬間、バスはお尻からクルッと1回転した。接触したのだ。そのはずみで、後部座席に座っていた和枝は前方に飛ばされ、眼と胸部をひどく打ち、右手首にはガラスが突き刺さっていた。重傷だった。

あまりにひどい状態で、医者にとっては一世一代の手術だったという。それでも、手術は無事終わり、和枝は助かった。

20歳の浅草国際劇場での公演の時だった。美空は「ひばりちゃん」という声を聞いた瞬間、肩と顔面が急に熱くなったことを覚えている。ファンのひとりが塩酸をかけたのだ。それでも舞台で歌おうとしたひばりだが、そのまま救急搬送された。幸い傷は軽傷で、1カ月もしないうちに元気になった。

50歳の時は違った。ひばりは公演先の福岡市でひどい体調不良に襲われた。彼女は済生会福岡総合病院に緊急入院した。病名は重度の慢性肝炎および両側特発性大腿骨頭壊死症《だいたいこつとうえし》であった。深刻な病気である。しかし、マスコミには「肝硬変」と病名をわざと低く伝えた。

1カ月後に退院すると、ひばりは記者会見で、「『もう一度歌いたい』という信念が、私の中にいつも消えないでおりました。ひばりは生きております」と感極まって涙を見せた。必死に生きていた。

しかし、病状は決して完全に回復したわけではなかった。肝機能の数値は通常の6割程度しか回復しておらず、壊死している大腿骨頭も治癒は不可能であった。階段を下りるにも手すりにつかまらなければ下りられなかった。

それでも、ひばりはもう一度歌いたかった。1988年4月11日にその時がやってきた。東京ドームのこけら落としとなるコンサートだ。タイトルは「不死鳥/美空ひばり in TOKYO DOME 翔ぶ!! 新しき空に向かって」と銘打たれた。ひばりは時々ふらつく体を支え、舞台に上がった。外では救急車が待機していた。39番目の最後の曲は「人生一路」だった。それを歌い終わると、精いっぱい笑顔を振りまき、足がよろけても、転びそうになっても、メインステージからバックヤードまで100mを歩ききった。そして息子の和也に抱きかかえられると、そのまま救急車に乗せられた。

これが最後だった。何度も、死の淵を這《は》い上がってきたひばりだったが、最後の最後は不死鳥にはなれなかった。1989年6月24日、天国に旅立った。

テレビプロデューサーの石井ふく子は、ひばりが亡くなる直前、病院から来た速達の手紙を受け取っている。そこには、「自分で痛めた体ですので罪はつぐないます。今、息をして生きていることすら不思議です。歌心を失った私は無です」（文藝春秋、2024年8号）と綴《つづ》られていた。

偉人35

吉川英治

国民的大衆作家が挫折した瞬間

よしかわ えいじ、1892／8／11～1962／9／7。小説家。代表作は『宮本武蔵』『三国志』など。

戦前から剣豪や、歴史上の人物を扱って人気を博していた大衆小説家の吉川英治。『鳴門秘帖』や『宮本武蔵』などで多くの読者を獲得していた。

しかし、戦争直後、彼は2年間、何も書けなくなってしまった。日本の敗戦が非常にショックだった。彼は日本の勝利を信じてやまなかった。

1941（昭和16）年には、吉川は文学者愛国大会で、大会の締めに「皇軍へ感謝するの文」を読み上げている。この大会は大政翼賛会の肝いりで開催されたものだ。その後も、軍人の戦死を受けて、彼らをたたえる小説も発表している。また、日本文学報国会理事にも就任した。

しかし、これらは時代におもねたというより、純粋に日本軍に勝ってほしかったからだった。だが、日本は負けた。吉川は何も書けなくなってしまった。

そんな吉川に声をかけたのが菊池寛だった。吉川と菊池とは戦前からの親友だった。ともに競馬好きで、直木三十五との宮本武蔵論争では、二人とも宮本武蔵を擁護して直木と対立した。そんな菊池に吉川は言った。

「特攻隊の兵士たちが、私の書いた『宮本武蔵』を大切に持っていた。剣禅一如を心の支えにしていた。

私はただ、勇気をもって生きてほしい、どんな困難にも負けない強い心を持ってほしい、そう願って小説を書いてきただけだ。なのに、結局、戦地に散る若き命を救うことができなかった……。いや、それどころか、彼等の気持ちを高めるようなことになってしまった」

吉川の目からは涙がこぼれていた。しばらく二人の間には無言の時間が流れた。そして、菊池は吉川の目を見て言った。

「今、みんながつらいんだ。こんな時こそ、キミの小説が必要なんだよ！」

それでも、しばらくは書けない時間が続いたが、吉川は菊池の言葉を頼りに原稿に向かうようになった。そしてぽつりぽつりと短い小説を書くようになった。

そんな時、菊池が亡くなった。1948（昭和23）年3月6日だった。弔辞を読んだ吉川だったが、傷心は癒えなかった。

無常には描かなった『新・平家物語』

それから2年。やっと吉川は『新・平家物語』に着手した。元本の『平家物語』は「祇園精舎の鐘の声、諸行無常の響きあり」で始まる仏教的無常観を背景にした軍記物語である。

しかし、吉川はそうは描かなった。戦いに翻弄《ほんろう》されつつも未来に向かって生きる人々を描いた。膨大に及ぶ登場人物のひとりひとりに愛情と信念を込めた。執筆には7年かかっている。その分量は文庫にして全16巻に及ぶ大長編だった。

この小説を書ききって、初めて吉川は戦争を乗り越えることができたと思った。そして、菊池の言葉が蘇《よみがえ》ってきた。「こんな時こそ、キミの小説が必要なんだよ」。それにやっと応えることができたと思った。

偉人 36

川上哲治

打撃の神様の愛情

かわかみ てつはる、1920／3／23～2013／10／28。プロ野球選手。巨人V9時代の監督、野球解説者。

打撃の神様と呼ばれ、「ボールが止まって見える」と語った川上哲治。巨人のV9を達成した監督として、戦後の巨人軍の全盛期を支えた。川上は徹底した野球人だった。監督時代には弱点をライバルに知られまいとして取材統制をし「哲のカーテン」といわれた。

その川上だが、家庭を非常に大切にする人でもあった。戦前から巨人軍のプロ野球選手だった川上は戦後、地元の人吉に戻ると農業をしていた。家族を食べさせるためだ。その川上に、プロ野球が始まった巨人軍から再度のオファーが来た。これに対して、川上は「もし3万円もらえるなら復帰する」と条件を付けた。

彼は家族を養うために賃上げ交渉をした。前代未聞だった。3万円は今の価値では1000万円強になる。巨人軍はこの申し入れを受けて川上を招集した。

川上が巨人軍の監督だった1965（昭和40）年、妻の菫子《ただこ》が潰瘍性大腸炎で入院した。安倍元首相も罹患《りかん》した難病だ。野球を家庭に持ち込まないとしていた川上だが、家族はいつもピリピリしていた。試合を見なくても、川上が帰ってくる足音だけで、勝ったか負けたかがわかる。特に神経質な妻は、それが体に響いていた。妻の入院で、病気の重大さを知った川上は妻に告げた。

「監督を続けていたら、おまえを殺してしまうかもしれない。辞めようと思う」

それに笑って菫子は答えた。

「パパから野球を取ったら何も残らないでしょ。私は大丈夫。監督を続けて、勝ち続けて」

その言葉を聞いた川上は肚《はら》が決まった。監督として、より精進することを妻に誓う。その年の2月の結婚記念日、川上はキャンプ場から一通の電報を送った。そこにはこんなふうに文字が打たれていた。

「過ギタ二十年、昨日ノ如シ。雨アリ、風アリ、晴天アリ。変ワラヌ誠ニ感謝ス。今日アリ、明日アリ、苦楽アリ。喜ビニアフレテ、生キテ行コウ。テツ」

偉人
37

スタルヒン
外人選手第1号の白系ロシア人

ヴィクトル・コンスタンチーノヴィチ・スタルヒン、1916／5／1〜1957／1／12。プロ野球選手（投手）。

沢村栄治が慶應義塾大学を目指していた頃、北海道旭川では早稲田大学を目指していた白系ロシア人のスタルヒンがいた。この二人が、戦前のプロ野球を盛り上げた剛速球派の投手である。

彼は、旭川中学に入ると剛腕ピッチャーとして知られるようになった。身長191cmから繰り出される速球は群を抜いていた。全国大会へ進む北海道の決勝へ2年連続で進出している。残念ながら、エラーによる失点で2年とも全国大会へは行けなかったが。

このスタルヒンに目をつけたのが、プロ野球チームをつくろうとしていた正力松太郎と彼の腹心である市岡忠男だった。彼らがスタルヒンの獲得を目指して派遣したのが、早稲田出身で政界浪人である秋本元男である。市岡と同じ早稲田大学出身だった。秋本は、スタルヒンの獲得を目指して彼の所属する旭川中学の監督にお願いに上がった。しかし、監督は首を縦に振らない。脅してもすかしてもダメである。スタルヒン自体も職業野球には行かないと宣言していた。

万策尽きた秋本だったが、ある情報を手に入れた。スタルヒンの父親が殺人を犯していることを知ったのだ。父親はボルシェビキかぶれの娘から暴言を吐かれ、カッとなって絞殺してしまっていた。そして、父親は懲役8年の実刑を受け、札幌刑務所に服役中だった。

これを知った、秋本は策を練った。亡命者であるスタルヒンの身元引受人は、旭川に住む立野という早稲田出身の野球関係者だった。彼を無理やり、身元引受人から引きずり下ろす。そして、スタルヒンには、プロ野球に入れば、その代わりに新たな身元引受人を用意するというものだった。

スタルヒンから身元引受人がいなくなってしまえば、父親が受刑中ということもあり、母親もろとも革命ソ連へ突き返される可能性があった。なおかつ、立野も早稲田の野球関係者であり、秋本の要請を断れない。

結局、スタルヒンはプロ野球に行くことを引き受けた。旭川の人々には「絶対、職業野球」には行かないと公言していたため、誰にもわからないように旭川の駅をひっそりと旅立った。午前2時、11月下旬の旭川は真っ白な雪で覆われていた。旭川と出る時、手に持っていたのは木彫りの熊の人形だった。じっと握りしめていた。旭川から函館を通り、津軽海峡を越え青森に着いた。そこで上野行きの列車に乗り継ぐ時、それを見た記者から質問が飛んだ。それまでじっと握りしめていたのだ。スタルヒンはこう答えた。「この熊のように強く耐え忍んで、白系ロシア人として生きるための道を求めるためです」

その後、スタルヒンは巨人軍でエースとなり、1938（昭和13）年からの6連覇に貢献した。そして、1939年には42勝を挙げている。

戦後は、数チームを転々とし、1955年に引退した。そして、57年、旭川中学の同窓会に向かう時、交通事故に遭って、帰らぬ人となってしまった。享年40、生涯無国籍だったという。

偉人
38

芥川龍之介

芸術至上主義の作家の死

あくたがわ りゅうのすけ、1892／3／1〜1927／7／24。作家。小説『羅生門』『鼻』『地獄変』『歯車』などで知られる。

芥川龍之介は1927（昭和2）年に自殺した。理由は「ぼんやりした不安」である。しかし、その解釈をめぐってはさまざまなものがある。自らの作家としての将来の不安、反動化する社会への不安、精神的に壊れていく自らへの不安、経済的な不安……。

しかし、その謎は、いまだに芥川龍之介研究の最も深淵な課題として残っている。ここで、芥川龍之介の遺言と言われる、作家で親友である久米正雄に寄せた『或旧友へ送る手記』の冒頭を載せてみたい。「ぼんやりした不安」が書かれている部分だ。

「誰もまだ自殺者自身の心理をありのままに書いたものはない。それは自殺者の自尊心やあるいは彼自身に対する心理的興味の不足によるものであらう。

僕は君に送る最後の手紙の中に、はっきりこの心理を伝へたいと思っている。もっとも僕の自殺する動機は特に君に伝へずともいい。レニエは彼の短篇の中にある自殺者を描いている。この短篇の主人公は何の為に自殺するかを彼自身も知っていない。君は新聞の三面記事などに生活難とか、病苦とか、あるいは又精神的苦痛とか、いろいろの自殺の動機を発見するで、あらう。しかし僕の経験によれば、それは動機の全部ではない。のみならず大抵は動機に至る道程を示しているだけである。自殺者は大抵レニエの描いたように何の為に自殺するかを知らないであらう。それは我々の行為するように複雑な動機を含んでいる。

が、すくなくとも僕の場合は唯ぼんやりした不安である。何か僕の将来に対する唯ぼんやりした不安である。君は、あるいは僕の言葉を信用することは出来ないであらう。しかし十年間の僕の経験は、僕に近い人々の僕に近い境遇にいない限り、僕の言葉は風の中の歌のように消えることを教へている」(現代語訳)

この文章を読むと、芥川は、自らの才能を認めることができなかったのではないかと思える。そして、作り出した作品の世界も、いずれ風化してしまうように思っているように思える。

しかし、芥川には、狂信的ファンが多い作家であった。そして、誰もが否定し得ない頂点に立つ作家でもあった。その作品は、今でも多くの人々に愛読されている。決して卑下されるものではない。にもかかわらず、芥川は、自らの才能を認め得なかったのか。

きっと、文章を書いている時は、そんな思いは吹っ飛んでいたはずだ。書き続けていれば、不安などなくなる。とことん文章を研ぎ澄ましていけばいい。しかし、書くものがなくなった時に、ふと不安に陥る。

芥川の作品に『地獄変』がある。絵のために娘を焼き殺す物語だ。絵が残るかもしれないが、心の平安は絶対に訪れないだろう。そんな、深みに芥川ははまっていたのかもしれない。作品を生み続けない限り、その不安は絶対に消えることがない。そして、生み続けることができなくなったら……「ぼんやりした不安」が襲ってくるのかもしれない。

偉人 39

『ゴジラ』を作った男

円谷英二

つぶらや えいじ、1901/7/7〜1970/1/25。特撮監督、株式会社円谷特技プロダクション初代社長。

『ゴジラ』で一躍名前を知られるようになった円谷英二。特撮映画の黄金時代をつくった人物だ。しかし、その道のりは決して平たんではなかった。

1919（大正8）年、円谷はカメラマンを志して映画界に入ったが、21年、兵役で会津若松兵連隊の通信班に配属された。23年、除隊すると、親の反対を押し切って、また映画の世界に戻る。28年、正式に松竹のカメラマンとして採用されるが、その撮影手法があまりにリアリティー重視だったために、俳優から反発を受け、いい待遇を受けることはなかった。

30年、自費で撮影用クレーンをつくるが、撮影中に自ら転落事故を起こす。ただし、この時は看病をしてくれた荒木マサノと縁ができ、結婚している。

34年、日活の看板俳優にローキー照明を当て、それをめぐって上層部と対立。

東宝の前身であるJOトーキーに移る。ローキー照明とは強い光ではなく弱い光を当てて陰影をつくる方法である。心理描写に有効だが、「暗い」と批判された。

この頃から、円谷は軍部のプロパガンダ映画を撮影するようになる。映画、『赤道を越えて』『海軍爆撃隊』『ハワイ・マレー沖海戦』など、特撮の技法を試すにはもってこいの題材だった。しかし、後年これが不幸を招く。

43年、円谷は松竹によるスタッフの引き抜きに遭っている。撮影部隊の中核を占めていた何人かのメンバーが高額のギャラで松竹に移っていった。これによって大打撃を受けた円谷だったが、それでもめげずに特撮を撮り続けていった。

45年、終戦を迎える。円谷は映画ブームに乗って、さまざまな映画の特撮に絡むが、一方で、組合の労働争議に巻き込まれる。これに嫌気を差した円谷は東宝を退社、フリーとなる。

48年、円谷は軍部のプロパガンダ映画にかかわったことで、GHQによって公職追放の憂き目に遭う。なおかつ、6月には自らが新案特許を取った「5分間スピード自動写真ボックス」が、納品前に地震に遭い20台全機を消失、はた目にもかわいそうなほど円谷は落ち込んだ。

しかし、それでも、めげないのは円谷だった。円谷特殊技術研究所を設立。映画には外部スタッフとして携わることになる。クレジットは表記されなかったが、さまざまな映画に絡んでいた。ただし、経済的には極貧だった。飲み屋で知り合った人物に酒をおごってもらう日々であった。

49年、大映京都撮影所で『透明人間現わる』『幽霊列車』の特撮シーンを担当。ハリウッドの透明人間をも上回る特撮で大評価を受ける。

その後、『きけ、わだつみの声』『佐々木小次郎』『ひめゆりの塔』『太平洋の鷹』などの映画の特撮を円谷は担当することになる。

そして、ついに、１９５４（昭和29）年、『ゴジラ』が公開された。日本初の本格的特撮怪獣映画だった。これが空前の大ヒット。円谷英二の名は世界中に知られることになった。戦前から紆余《うよ》曲折を経てきた円谷だったが、特撮に懸ける思いだけは誰よりも強かった。紆余曲折も特撮を進めるためだった。戦争映画もチャンバラも、ＳＦも怪獣映画も、すべては特撮のためだったのだ。

偉人
40

瀬戸内寂聴

愛に生きた作家

せとうち じゃくちょう、1922／5／15～2021／11／9。作家、天台宗の尼僧。天台寺名誉住職。

1957（昭和32）年、新人作家、瀬戸内晴美は『花芯』を発表するが、この小説の赤裸々な性愛描写がポルノ小説と批判され、「子宮作家」とレッテルを貼られた。その当時のことを、瀬戸内は「わたしの失敗」（産経新聞朝刊の連載）で以下のように話している。「匿名批評がひどかったですね。『この作家は、自分は性的にいいと思って書いている』とかね」

彼女は、『花芯』の出版社である新潮社に行って、「新潮」の編集長に反駁《はんばく》文を書かせてくれと頼んだ。しかし、「『小説家っていうのは、自分の暖簾《のれん》を掲げた以上は自分の恥を書きさらして銭を取るんだ』って怒られたんですよ」。

結局、瀬戸内は泣き寝入り。その後、「子宮作家」のレッテルが邪魔になって文芸誌には書かせてもらえなかった。それは5年も続いた。

「『花芯』は本格小説のつもりで書いたんです。だから全くのフィクション。それなのに私小説のように扱われたでしょ。それだったら徹底して本当の私小説を描こうと思いました。それが『夏の終り』なんです」

63年、瀬戸内は、この『夏の終り』で、女流文学賞を獲得する。そして作家の地位を確立した。しかし、それでも賞とは無縁な作家生活を送った。

66年、瀬戸内は作家の井上光晴と恋愛関係に陥る。73年、その井上との関係を断ち切るために修道女になろうとするが、どこの教会からも断られてしまう。さらに出家しようとするが、それもダメだった。

それを助けてくれたのが平泉・中尊寺の住職だった今春聴（作家名・今東光）だった。彼のもとで出家する。名前を晴美から寂聴に変えた。

それから20年、92年に瀬戸内は、『花に問え』で谷崎潤一郎賞を受賞した。それは、一遍上人を思い描きながら、男女の愛執から無限の自由を求める女性の心の旅を描いたものだった。『夏の終り』から30年が経っていた。やっと世間が瀬戸内を理解した時だった。

偉人
41

梅棹忠夫

失明に負けず作り出した梅棹人類学

うめさお ただお、1920／6／13〜2010／7／3。生態学者、民族学者、情報学者、未来学者。国立民族学博物館名誉教授。

今でも売れ続けるロングセラー『知的生産の技術』。多くの学生たちがこの本で、自らの研究成果を形あるものにしてきた。そして、この本で紹介された京大式カードは、その後商品化され、今でも売れ続けている。この『知的生産の技術』の筆者で文化人類学者が梅棹忠夫である。

1986（昭和61）年3月12日の朝7時、梅棹は「ひどい咳《せき》で目が覚めた」。しかし、その時間になっても外は暗い。まだ夜明け前かと思い電灯をつけた。それでも暗い。おかしいなと思った彼は、妻に聞いた。「電灯はついているか？」

妻の返事は「ついているし、すでに外は明るい」だった。この返事を聞いて、梅棹は異変に気がついた。「目が見えない」。

大阪・中之島にある大阪大学病院に緊急入院した。病院に行く間、彼は漆黒の闇の中にいた。彼の病気は、ウイルス性の視神経疾患だった。その直前に行った中国で風邪をひいたのが原因らしかった。彼は、その後、7カ月間入院する。しかし、視力は回復しなかった。65歳だった。

梅棹は失明しても、その状況を積極的に受け入れていた。

「目が見えなくなってからは、すべての女性が恐ろしくチャーミングに見える。目が見えないことは、本当に不自由で困るけれど、女性に関する限り、私はかえって良かったかもしれないと思っている」

さらに、知的生産に関しても、失明する以前以上に精力的に取り組んだ。彼は支援者たちに文献や資料などを読んでもらって耳で学んだ。そして口述筆記で次々に本を出していった。それを見た人たちは「月刊ウメサオ」と驚愕《きょうがく》した。

1989年には、『梅棹忠夫著作集』（中央公論社）の刊行を開始し、1993年までに全22巻と別巻1冊を出している。

失明した時、「泣いて、なんの役にたとうか。泣いて、事態が好転するものか」と梅棹は書いている。まさにその通りに生き抜いた。

偉人 42

三波春夫

私の歌で日本人を幸せにしたい

みなみ はるお、1923／7／19～2001／4／14。浪曲師、戦後の歌謡界黄金期を代表する演歌歌手のひとり。

「文ちゃん（本名、北詰文司）、いい声だのう。おかげで仕事がはかどるよ」

新潟の寒村に生まれた三波春夫は、覚えたての浪曲や歌を、田植えや稲刈りの時に歌ってみせた。彼は、みんなが自分の歌を聞いて喜んでくれると知って、うれしくてたまらなくなった。「歌っていいなあ」と心から思った。

13歳の時に上京すると、米屋や魚河岸で丁稚奉公をした。空き時間には浪曲を歌うと拍手喝采。16歳の時、たまたま八丁堀の住吉邸で行われていた「浪曲学校卒業生大会」の看板を見て、浪曲を聴きに行った。

それが縁で、1939（昭和14）年9月、日本浪曲学校に入学することになった。この時、三波の歌を聴いた校長は「君の声は天下を取る」と、翌月には六本木の寄席で初舞台を用意した。そして、三波は「南條文若」の名前でデビューする。

20歳になると、三波は徴兵され陸軍に入隊し満州国に渡る。そこでも浪曲の腕前を発揮し、「浪曲上等兵」とあだ名がつけられた。

1945年、終戦間際になると満州国に侵攻してきたソ連軍と日本軍は交戦。しかし、日本の敗戦が伝わると、ソ連軍に武装解除を受け三波の部隊は捕虜となる。そして、ハバロフスクに送られ、そこでは4年間もの抑留生活が待っていた。ここでも、三波は労働の合間に請われて浪曲を披露した。彼らは三波の声を聴くと、口々に「あんたの声を聴いているだけで日本に帰った気がするよ」と涙を流しながら語った。この言葉を聞くたびに、三波はみんなと日本に帰ろうと心に誓った。戦後、シベリアから戻った三波は浪曲の舞台に戻った。そして、1957年、歌手「三波春夫」としてデビュー。自らの歌でひとりでも多く幸せにしたいと三波は思った。彼はこんな言葉を書いている。「日本人の心にせめて楽しみを送り申し上げたい。辛《つら》い涙が流れた時に、せめて薄めてあげられるような歌を、芸を、私は演じつづけたい」。子どもの頃、田んぼで歌ったままの心だった。

偉人
43

坂本 九

ペンダントに刻まれた笠間稲荷の文字

さかもと きゅう、1941／12／10〜1985／8／12。歌手・タレント。「上を向いて歩こう」がビルボード1位。

1943（昭和18）年10月26日、常磐線土浦駅で三重衝突事故が発生した。事故を起こした貨物列車に客車の普通列車が突っ込んだ。客車を牽引《けんいん》していた機関車の機関士は即死、客車は2両目までが脱線、3両目は桜川橋梁上で脱線し、4両目は桜川に転落して水没した。5両目以降は橋梁手前で転落を免れた。

ちょうど、この列車に乗り合わせていたのが坂本九とその母親だった。彼らは川崎市から、疎開地の茨城県笠間市に向かうところだった。幸いなことに、二人は列車が衝突する直前に、川へ転落した車両から移動していたために助かった。

この時、坂本はまだ満2歳になっていなかったから、事故のことは全く覚えていない。坂本はこのことを、成長してから周囲の人々に聞かされて知った。彼の母は笠間稲荷神社の熱心な崇敬者だった。母は二人が助かったのは笠間稲荷神社のおかげだと信じた。そのため坂本も、「笠間稲荷神社の神様が自分を救ってくれた」と、終生信仰するようになる。

笠間稲荷神社は日本三大稲荷の一つで茨城県笠間市にある。坂本はこの神社の宮司である塙東男《はなわはるお》に頼んで、アメリカで買ってきたペンダントに笠間神社の文字を入れることを了解してもらった。彼は終生、このペンダントを肌身離さず着けていた。1971年12月8日、坂本は女優の柏木由紀子と結婚。結婚式を挙げた場所がこの笠間稲荷神社である。

1985年8月12日、その日、坂本は全日空の予約が取れなかった。いつもは全日空に乗っている。妻の由紀子もそれを進めていた。坂本は、仕方なく日航機に乗ることになった。日航機123便である。

同日18時56分、坂本が乗った日航123便は尾翼が吹っ飛んで群馬県の御巣鷹山に突っ込んだ。乗員乗客520名が死亡。生存者はたったの4名だった。

多くの遺体は事故で損傷していた。坂本の遺体も損傷が激しかった。決め手になったのは笠間稲荷と刻まれたペンダントだった。

偉人
44

与謝野晶子

「君死にたまふことなかれ」の真実

よさの あきこ、1878／12／7〜1942／5／29。歌人。『明星』に短歌を発表し、浪漫主義文学の中心人物。

日本浪漫主義を代表する歌人の与謝野晶子。「君死にたまふことなかれ」という反戦歌を歌ったことで知られている。以下、その前半部分を掲載しておこう。

「君死にたまふことなかれ
旅順口包囲軍の中に在る弟を歎きて

あゝをとうとよ、君を泣く、君死にたまふことなかれ、
末に生れし君なれば　親のなさけはまさりしも、
親は刃《やいば》をにぎらせて　人を殺せとをしへしや、
人を殺して死ねよとて　二十四までをそだてしや。

堺《さかひ》の街のあきびとの　旧家《きうか》をほこるあるじにて
親の名を継ぐ君なれば、君死にたまふことなかれ、
旅順の城はほろぶとも、ほろびずとても何事ぞ、
君は知らじな、あきびとの　家のおきてに無かりけり。
(以下略)」

この歌は、日露戦争のさなか、1904年(明治37年)に発表された。当時は日露戦争に反対する歌として捉えられ与謝野はバッシングを受けている。その代表が大町桂月《けいげつ》であった。彼は『太陽』誌上で「皇室中心主義の眼を以《もつ》て、晶子の詩を検すれば、乱臣なり賊子なり、国家の刑罰を加ふべき罪人なりと絶叫せざるを得ざるものなり」と激しく非難した。

「歌はまことの心を歌うもの」

しかし、これは全くの的外れの批判であった。実は、与謝野は国に対して反戦歌を歌ったつもりはなかった。今でも多くの日本人は勘違いしているが、彼女は

反戦思想の持ち主でもなかった。与謝野はこの日露戦争のさなかにも「幸徳秋水の反戦論は大っ嫌いだ」と公言している。

さらに、太平洋戦争当時は、息子に送る歌として「水軍の　大尉となりて　わが四郎　み軍にゆく　たけく戦へ」と歌っている。

与謝野は「歌はまことの心を歌うもの」と大町に反論している。これが与謝野の素直な気持ちだった。自分の気持ちのままに歌を歌う。浪漫派の歌人として当然の歌を歌ったに過ぎない。

戦争批判をするつもりはなかった。ただ、ただ、旅順に行った弟に生きて帰ってきてほしいと願っただけだ。当時、弟は与謝野の実家の家業を継いでいた。与謝野も、長兄も実家を継がずに自由気ままに生きていた。その負い目が与謝野にあった。だから、この歌を歌ったのだ。本当の気持ちを歌っただけだ。その歌の真意を悲しいことに、いまだに日本人の多くはわかっていない。彼女の神髄は、明治から昭和にかけて、自らの意思のままに歌い生き抜くことであった。そこには右も左も関係なかった。

偉人 45

渥美 清

病魔と闘い続けた寅さん

あつみ きよし、1928／3／10〜1996／8／4。俳優。代表作『男はつらいよ』で「寅さん」を演じた。

寅さんこと渥美清は子どもの頃から体が強くなかった。最初のがんの発見は1974（昭和49）年頃だった。しかし、この時は、がんは転移することなく、とどまっていた。病気の症状が明らかに出てくるのは、1982年『男はつらいよ』29作目の時だった。

それでも、渥美は病を押して寅さんを演じ続けた。立っていることもままならず、撮影の合間はトランクを椅子代わりにして座っていることも多くなった。1991年の44作目の時には、渥美は監督の山田洋次に、こんなお願いをしている。「スタッフに挨拶《あいさつ》されて、それに笑顔で応えることさえつらいんです。スタッフや見物の方への挨拶を省略していただきたい」と。

しかし、何も事情を知らない見物客は、挨拶もしない渥美に「愛想が悪い」と批判した。この時、渥美の体の中で、がんの転移が始まっていた。

　これ以降、監督の山田は、渥美の出番を減らすため、甥の満男を主役にしたサブストーリーを作り、年2本作っていたシリーズを1本に減らした。46作頃になると、2日撮影したら2日休養を置くスケジュールに変え、それでも午後3時を過ぎると声の調子が落ちてしまい、録音さえうまくいかなくなった。

　1995年、渥美は48作目の最後の作品に出演した。体はボロボロだった。午前中しか体がもたなくなった。それでも気力を振り絞って寅さんを演じた。

　そして、その1年後。8月4日、渥美清は永眠した。最後まで寅さんを演じ続けた渥美。その最後の姿を山田監督は弔辞で語っている。

「7月に入院して肺の手術をしたけど、その経過が思わしくなくて、渥美さんはとても苦しんだそうです。ベッドの上で起き上がるのがやっとで、それもうつむいたままで、両手で机の端をきつく握りしめて、その机がカタカタと音を立てて震えていたそうです。あの渥美さんをなぜそんな、そんなに苦しめるのか……僕は天を恨みます」と。享年68。まだまだ演じられる年だった。

偉人

46

大佛次郎

本好き、猫好き、世話好き

おさらぎ じろう、1897／10／9〜1973／4／30。作家。『鞍馬天狗』シリーズ他、さまざまな小説を描いた。

本好きが高じて作家になった大佛次郎。彼は自ら「丸善に払う為に私は原稿を書き始めたのである」と書くほど、若い頃の原稿料のほとんどが丸善で本を買うために消えていった。買っては読み、買っては読み、お金が無くなると読み終わった本を古本屋に売ってまで本を買った。

その彼の蔵書、3万5000冊は、現在、横浜の港が見える丘公園にある大佛次郎記念館に収められている。その大佛次郎記念館は猫好きの聖地である。大佛が自ら描いた猫のバッチからポストカード、猫と写った写真など、100円（2024年12月1日現在）から買うことができる。

彼は伴侶より猫が好きだと公言していた。猫を題材にした小説や童話だけでなく、歴史小説にも猫好きの主人公を登場させている。彼が生涯に面倒を見た猫は野良猫も含めて500匹を下らなかった。そのため、遺言では「猫は5匹までにすること」と残している。飼い過ぎた自らを諫《いさ》める言葉だった。

しかし、彼の妻は大佛の猫好きを引き継ぎ、多くの猫を飼った。その猫たちは妻も死んだあとは、猫好きのお手伝いさんによってもらわれていった。猫好きは伝染するのだ。

大佛の世話好きは猫に収まらなかった。1935（昭和10）年、直木賞の選考委員になると、多くの作家たちを世に送り出している。

彼は、松本清張が『週刊朝日』の懸賞に「西郷札」で入選すると激励の手紙を送り、直木賞にも推薦。1951年には他の委員を説得して、久生十蘭を受賞させた。戦前から注目していた作家、井上靖が書いた「猟銃」を佐藤春夫が読んで大佛が主宰する雑誌に推薦してきた時は、大佛は『文學界』を推薦した。これが後に井上の芥川賞につながる。ほかにも、直木賞では源氏鶏太や永井路子と安西篤子を強く推している。

本好き、猫好き、人好きの大佛次郎であった。

偉人47

石原慎太郎

尖閣を守った政治家

いしはら しんたろう、1932／9／30～2022／2／1。作家、政治家。第14代から17代の東京都知事。

毎日のように尖閣諸島に押し寄せる中国籍の船。海上保安庁は日々、対応に追われているが、その様子を見たら、あの世にいる石原慎太郎はどう言うだろうか。

彼は2012（平成24）年4月16日、電撃的な表明をした。

「東京が尖閣諸島を守る。尖閣の土地所有者とはすでに売買の話はできている」

アメリカ・ワシントンに出張中のことだった。尖閣諸島をめぐって領有権を主張する中国の挑発が続く一方、当時の民主党政権は対策に及び腰だった。その2年前に起きた尖閣諸島での中国漁船衝突事件では、中国政府に慮《おもんぱか》って、中国人船長の処分を保留、釈放している。

「実務の話をつめないまま石原さんがぶち上げた」。当時の副知事だった猪瀬直樹はこう話す。そして、尖閣諸島を購入する費用として寄付を集めることとした。

これに慌てたのが、民主党政権である。東京都が購入する前に尖閣諸島の地権者との売買を決めてしまったのだ。購入価格は20億5000万円だった。

当時の中国は胡錦濤政権であった。彼はどちらかと言えば親日派であった。しかし、2期目後半に入っていた政権の基盤は脆《もろ》かった。軍部と強硬派に押されて、日本に対して強く出ざるを得なかった。それが尖閣への挑発であった。

胡錦濤は本気ではなかった。もちろん民主党政権もそれを知っていた。そのため、民主党政権の尖閣の挑発には甘い対応が続いた。しかし、民主党政権は胡錦濤政権を見誤っていた。すでに胡錦濤政権の基盤は崩壊しつつあったのだ。胡錦濤政権に民主党政権が譲歩しても、胡錦濤政権が生き残ることは不可能だった。尖閣に対してはより一層、挑発が続くことは明らかだった。

石原は、そのことを、アメリカからの情報で十分知っていた。いま、尖閣を守らなければ中国に取られてしまう。彼は意を決して発表した。「東京が尖閣を守る」。だが、購入する費用はまだしっかり詰められてなかった。しかし、多くの都民や国民は石原を支持した。東京都に集まった寄付は14億円を超えていたのだ。

偉人48

裸の大将

山下 清

やました きよし、1922/3/10〜1971/7/12。画家。着物一枚で放浪する姿に「裸の大将」といわれた。

天才画家、山下清を見いだしたのは式場隆三郎である。彼は新潟県五泉町に生まれ、新潟医学専門学校（現・新潟大学医学部）を卒業すると、精神科医になる。そして、千葉県市川市に住み国府台《こうのだい》病院（現・式場病院）を設立する。式場はここで山下清に会う。式場は医学生時代から雑誌「ホトトギス」を愛読していた文学青年であった。美術にも関心があり、国立西洋美術館の建設促進運動にも携わっている。式場は、山下の入っていた市川にある障害児施設・八幡学園の顧問医師を務めていた。その頃、山下は八幡学園が子どもたちに教えていた「ちぎり紙細工」に没頭していた。

山下は3歳の頃、風邪からひどい消化不良を起こし、一命を取り留めたが軽い言語障害と知的障害の後遺症が残った。そのため、なかなか普通学校の授業についていけず、癇癪《かんしゃく》を頻繁に起していた。そこで、母親は山下を知的障害者施設、八幡学園に入れた。

山下がそこで出会ったのが「ちぎり紙細工」だった。ちぎり紙細工はちぎり絵のこと。色のついた紙をちぎって画用紙に貼り、絵を作っていく。山下は一心不乱にそれに取り組んだ。色も形もできていくことに興奮した。

その絵を見いだしたのが、式場だった。美術にも造詣が深い彼は、一目見て山下の才能を感じ取った。そして、彼は山下と多くの時間を過ごした。そして、ちぎり絵だけでなく、ペンや絵の具で、絵を描くことを教えた。それによって、一層、山下の才能が開花していった。

展覧会で、その山下の作品を見た洋画の大御所だった梅原龍三郎は、「作品だけからいうとその美の表現の烈《はげ》しさ、純粋さはゴッホやアンリ・ルソーの水準に達していると思う」と絶賛した。

その後、山下は放浪画家として、全国を歩き、「裸の大将」といわれテレビドラマにもなった。その原石を発見したのは精神科医の式場だったのだ。

偉人 49

長谷川町子

『サザエさん』作家の苦悩

はせがわ まちこ、1920／1／30～1992／5／27。日本初の女性プロ漫画家。代表作に『サザエさん』など。

長谷川町子にとって、アルバイト感覚で始めた『サザエさん』の連載だった。最初の連載は福岡県の地元紙「夕刊フクニチ」だった。その後、新夕刊、朝日新聞と連載の場所は移っていった。この間、町子は東京に拠点を移すと、母と姉妹3人で出版社「姉妹社」を立ち上げる。そこで『サザエさん』を販売した。最初はうまくいかなかったが、次第に軌道に乗り、『サザエさん』はロングセラー漫画として誰もが知る作品となった。

1960年、漫画のネタを考えるのに疲れた町子は漫画家廃業宣言をする。しかし、この時、連載を掲載していた朝日新聞の広岡知男編集局長は『サザエさん』を終わらせずに休載扱いにした。町子が心変わりするのを待っていたのだ。実際、町子は半年後に心境が変わった。その頃を見計らって広岡は担当者に、町子に連絡をさせた。町子は渡りに船とばかりに連載スタートを了解した。広岡の思惑は当たった。ただし、町子にとって漫画のネタを考えるのは非常にしんどかった。この当時のことを同居していた姪でワカメのモデルといわれる長谷川たかこは『文藝春秋（2024年8月号）』に書いている。

「彼女が2階の仕事場で『案を練っている』間は、その緊張が階下まで伝わってくるようだった。（中略）案が浮かぶとダダッと階段を降りて来て、わら半紙に鉛筆書きしたいくつかの案を、母とわたしに見せる」。町子は、たかこが面白いと言っても、「昨日より笑ってない」と言って、納得しない。反応がイマイチだと、別の案を考えると言って2階に上がっていった。非常に自分に厳しい人だった。

ある時、早く原稿ができたので、町子はたかこを連れて映画に行った。町子は映画が好きだった。映画館を出ると街にはサラリーマンがあふれている。それを見て町子は「私は昼間っから映画を見ているのに罪悪感にかられる」と話した。

たかこは、あれだけ毎日、胃の痛む思いをして漫画を描いているのに、「なぜ、罪悪感」って疑問に思ったという。町子はモーレツ社会の申し子だった。

偉人
50

竹鶴政孝

ニッカウヰスキー創業者

たけつる まさたか、1894/6/20~1979/8/29。実業家。ニッカウヰスキーの創業者。

2014年度後期NHKの連続テレビ小説『マッサン』の主人公のモデルになったのが竹鶴政孝である。ニッカウヰスキーの創業者であり、日本で初めて国産のウイスキーを造った。

日本には19世紀にウイスキーは伝わっていたが、20世紀初頭になっても純国産のウイスキーはできていなかった。その状況に摂津酒造（現・宝酒造）は純国産のウイスキーを造ることを思い立つ。その担当者に抜擢《ばってき》されたのが、竹鶴だった。

1918（大正7）年、竹鶴はウイスキーを学ぶためにスコットランドに留学する。しかし、スコットランドのグラスゴーでウイスキーを学ぶが、それは座学でしかなかった。実際の酒造法を学ばない限り、ウイスキーは造れない。

そんな焦燥感に駆られていた頃、ロングモーン蒸留所から工場実習の許可が下りた。竹鶴は白衣のポケットにノートを忍ばせて毎日、朝から晩まで工場内を歩き、人の嫌がる仕事も進んでこなした。

しかし、外国人の政孝には、肝心の蒸留器を容易に触ることさえ許されなかった。それでも、政孝は蒸留器の内部構造を知りたいと、人が絶対に嫌がる蒸留器の掃除を買って出た。そんな時だった。ひとりの年老いた職工が、竹鶴が真剣に学ぼうとする姿を見て、蒸留器の操作を教えてくれた。

「いいかね。バルブをゆっくり開けるんだ。目を閉じて、蒸留液の動きを体で感じるんだ。体全部を耳にしてごらん」

老職工は実際の操作方法を肌で教えてくれた。竹鶴は教えられたことをすべてノートに書き取った。この老職工がいなければ、日本の国産ウイスキーはできていなかっただろう。竹鶴は老職工から製造法のすべてを学んだ。

1962年、イギリスのヒューム外相が来日した。そしてこう発言した。「ひとりの青年が万年筆とノートでウイスキーの製造技術を全部盗んでいった」と。これは国産ウイスキー「竹鶴」への称賛だった。竹鶴は本場に匹敵する味だった。

偉人
51

「しゃべくり漫才」の教訓
横山エンタツ

よこやま えんたつ、1896／4／22～1971／3／21。漫才師。花菱アチャコと「エンタツ・アチャコ」を組む。

「しゃべくり漫才」の発明者である横山エンタツ。「エンタツ・アチャコ」は一世を風靡《ふうび》した漫才界の大スターであった。ある時、オール阪神・巨人に「二代目エンタツ・アチャコ」を継がせようと話があがったが、オール阪神・巨人は畏《おそ》れ多いと辞退したほどだ。

今の多くの人は、かなりの高齢者を除いて「しゃべくり漫才」以外の漫才を見たことがないだろう。エンタツ・アチャコが登場する以前の漫才は和服姿で鼓を叩き、歌を交ぜた話芸だった。

その漫才をしゃべくり漫才に変えたのがエンタツ・アチャコだ。二人は和服姿ではなく、背広姿で、鼓も楽器も道具も何も持たない。ただマイクの前に立つだけだった。そして、しゃべくりで観客を沸かす。ただし、舞台に立つために、エンタツは眼鏡にチョビ髭《ひげ》とチャプリンをまねていた。

その人となりだけで売るのが漫才だった。ちょうどラジオがスタートした頃で、漫才や形態模写、百面相や手品などの電波に乗らない芸は衰退していた時期だった。一方、電波に乗る話し声が大盛況になる。落語や浪曲、講談だ。

しゃべくり漫才もそのブームに乗った。しゃべくりの内容は、当時の庶民が身近に感じるものだった。戦前人気があった東京六大学野球からネタをとった「早慶戦」は観客の爆笑を呼んだ。しかし、一方で、「ホンマの漫才をやれ」とヤジが飛んだこともあった。

漫才師は、今でこそバラエティーの主役で、誰もが憧れる存在だ。しかし、エンタツ・アチャコの時代は「しゃべくり漫才」の勃興期。誰も尊敬などしない。

ある時、エンタツは舞台や映画で人気が出て稼ぎが上がり、税務署に税金を納めに行こうとした。すると、役人から「河原乞食《こじき》から金はとらん」と言われた。

まだまだ、そんな時代だった。エンタツはいつも口酸っぱく言っていた。

「芸人は、売れたから、人気が出たからといって偉そうにしたらアカン」と。

偉人
52

恋多き大女優の宿命

山田五十鈴

やまだ いすず、1917/2/5〜2012/7/9。女優。愛称は「ベルさん」。女優で初めて文化勲章を受章。

山田五十鈴の父親は新派俳優で、母親は北新地の売れっ子芸者だった。その影響で子どもの頃から常磐津《ときわづ》、長唄、清元、日本舞踊の稽古をした。その頃から、すでに彼女の女優への道は決まっていた。

1930（昭和5）年に芸名、山田五十鈴（本名、山田美津）をもらい、日活映画『剣を越えて』でデビュー。その後、日活時代劇のトップ女優になる。

1934年、日活から第一映画社に移籍。そこで、月田一郎と知り合い、子どもを身ごもる。その月田と結婚し出産。女の子だった。名前を美和子（後の嵯峨三智子）と名付けた。山田は出産を機に女優を引退しようとしたが、周りがそれを許さなかった。『浪華悲歌』『祇園の姉妹』に出演。高い評価を受けてしまう。

1938年、東宝に移籍。そこで長谷川一夫と夫婦役に扮し、好評を得て、次々と映画に出演していく。一方、夫の月田は役に恵まれなかった。

妻の山田は押しも押されもせぬ大スターになっていく。夫の月田は貧乏役者。結局、夫婦仲に亀裂が入って別居、そして二人は1942年に離婚する。娘の美和子は親権を争った訴訟後に、月田家が引き取った。

山田の恋多き人生は、この頃から激しくなる。1943年には共演した花柳章太郎と恋愛。戦後の1946年には妻子ある衣笠貞之助監督と不倫関係に陥り同棲を始める。1950年には映画で共演した加藤嘉と結婚するが、別れる。

この頃、山田は娘の美和子と会った。

1953年、美和子は18歳で東映に入社し、『旗本退屈男　八百八町罷り通る』でデビューしていた。ここで数十年ぶりに山田は美和子と会うが、決して美和子は、「お母さん」と呼んではくれなかった。山田はショックだった。

美和子が「お母さん」と呼んでくれなかったのは、どうしようもないとはいえ、子ども心に、母親に捨てられたことを許せなかったのだ。美和子の芸名は嵯峨三智子（のちに瑳峨美智子に改名）。彼女も親の遺伝子を継いで、演技はうまかった。しかも、恋多き女性でもあった。だが、山田とは違って転落の人生だった。

1962年、俳優の岡田真澄と婚約したが、2年後、結婚に至らず解消。その後、そのショックからか、金銭トラブルや薬物にも手を出してしまう。

俳優、森美樹との恋愛では、彼がガス中毒のため26歳で急死。美智子は心がズタズタになった。

瑳峨は、その後、岡山でホステスとなり、クラブのママになる。そして、滞在先のタイ・バンコクでくも膜下出血のため亡くなってしまう。57歳だった。

だが、山田は美和子のことを忘れたわけではなかった。2000年、文化勲章を受章すると、山田は祝いの会でこう語った。

「父も娘も俳優でしたから、泉下で喜んでくれているものと思います」と、そして、山田は、京都に美和子と一緒に入る墓を作った。親権を諦めなければ……、本当は娘の美和子を自分の手で育てたかった。そうすれば、私より先立つことはなかったかもしれない……。心でつぶやいていた。

偉人
53

榎本健一

義足をはめた喜劇王

えのもと けんいち、1904／10／11〜1970／1／7。コメディアン、俳優。エノケンの愛称で人気を博す。

激しい動きと、滑ったり、転んだり、舞台から転げ落ちる派手なパフォーマンスで、客をお笑いの渦に巻き込んだエノケンこと榎本健一。戦前戦後の喜劇王である。しかし、晩年は、日頃の不摂生がたたって、バージャー病にかかる。バージャー病は手足の動脈に炎症が起きて血管が細くなったり血栓ができたりする病気である。そのため血液の循環が悪くなり、手足にさまざまな障害が起きる。

1952年、バージャー病がひどくなり、エノケンは右足の指を切断する羽目になった。それでも、エノケンは舞台に立ち続けた。その後、さらなる不幸が襲う。まだ26歳だった長男の鉄一が結核で死亡。さらに、エノケンのバージャー病が悪化、右足を大腿部から切断することになった。そのため、彼は仕事ができなくなって1000万円の借金までこしらえてしまった。

エノケンは失意のどん底に落ちる。自殺未遂も何度か起こすようになる。その時だった。おおきな二つの出来事が彼を救った。一つは、彼の病床を訪ねた喜劇王ハロルド・ロイドの言葉だった。「私も撮影中の事故で指を失いました。ハリウッドには片足を無くして義足で頑張っている俳優がいます。次に日本に来る時は、あなたがまた舞台や映画で活躍していることを確信しています」。

そしてもう一つが「榎本健一君を激励する会」であった。これは、エノケンが400万円の税金を銀行からの借金で払ったということが、当時の総理だった池田勇人の耳に入ったことに始まる。池田はそれを聞いて非常に驚いた。映画館で何度も笑わせてくれたエノケンが借金で苦しんでいる。池田は自らが発起人となって、政界、財界、芸能界に呼びかけて、「榎本健一君を激励する会」を催した。

そこに集まった人々による寄付は500万円を超えた。エノケンは涙を流さんばかりに喜んだ。そして、再起を誓ったのだ。

その後、エノケンは義足で舞台に上がる。さらには義足を使った芸まで見せるようになった。エノケンの真骨頂が始まった。

偉人
54

坂上二郎

コント55号の結成秘話

さかがみ じろう、1934／4／16〜2011／3／10。コメディアン、俳優。萩本欽一とともにコント55号を組む。

舞台狭しと走り回るコントでザ・ドリフターズとともに1970年代の演芸ブームを牽引《けんいん》したコント55号のコンビ。そのひとりが坂上二郎だ。チッコイ目で、ハーハー言いながら舞台を走り、「飛びます、飛びます」のギャクが冴《さ》えていた。

坂上は鹿児島市から19歳の時に上京した。「のど自慢素人演芸会」で優勝したのをきっかけに歌手を目指していたが、なかなか芽が出なかった。

そして、飛び込んだ世界がお笑いだった。1962年、萩本欽一にフランス座で出会う。二人はストリップの合間でコントをするがウケはいまひとつ。二人とも相手を食ってやろうと思っていたから、うまくいくはずがない。コンビは解消。

二人の再会は思いがけないことから始まった。坂上は、たまたま麻雀《マージャン》をやろうとして、メンバーが足りなかった。ふと萩本のことを思い出した。そして、1本の電話をかけた。そこから、二人はつながった。坂上は話す。

「(当時住んでいた) 北浦和の家に欽ちゃんが遊びに来ることになって、そこで欽ちゃんが、やりたいネタがあるんだ、と言ってきたんです」(『わたしの失敗』から) ここからコント55号がスタートする。当時二人は、萩本がテレビの生CMで失敗し、坂上も仕事のない日々が続いていた。失敗者同士の再会だった。

二人は、萩本のネタで練習を重ね、浅草、松竹演芸場の舞台に立った。大成功だった。お客は大爆笑。あれよあれよという間にスター街道を驀進《ばくしん》する。

それから37年、坂上はゴルフの最中に倒れて病院に搬送された。脳梗塞だった。幸い軽症だった。その時萩本がかけた言葉が「車椅子でもいいから出てよ」だった。萩本ならではの励ましだった。坂本はひどいこと言うなと思ったが、これが復帰につながった。呂律《ろれつ》もうまく回らなかったが、リハビリを重ね舞台に立った。

客席から「二郎さん、頑張って」の声がかかった。「飛びます、飛びます」のギャグに観客は大声援を送った。萩本の「車椅子でもいいから出てよ」のおかげだった。

偉人
55
松本零士
夢を追う限り失敗は続く

まつもと れいじ、1938／1／25〜2023／2／13。漫画家。代表作に『宇宙戦艦ヤマト』『銀河鉄道999』。

すでに、高校時代から漫画家として活動していた松本零士。16歳の時から新聞社で漫画を描いていた。「卒業したら嘱託となれ」と新聞社の担当部長は言ってくれた。松本のデビュー作は雑誌に載った。高校2年の時に、修学旅行で出版社を訪ねると原稿料を現金でくれた。5000円だった。この時、引率した先生はあまりの額に驚いたという。当時の大卒の初任給が1万円だった。新聞社での連載では月3万円になったこともある。松本が実家の家計を支えた。

高校を卒業する直前、松本は連載していた新聞社を訪ねた。就職のご挨拶《あいさつ》のつもりだった。しかし、「卒業したら嘱託となれ」と言ってくれた担当部長は代わっていた。新しい部長は、そんな話は聞いていないという。就職はダメになった。

松本は途方にくれた。その後、雑誌の仕事も来ず、仕事のない日々が続いた。

松本は言う。「失語症になるほどの孤独感を味わった」（『わたしの失敗』から）
しかし、この頃、松本は「宇宙作戦第一号」を描いている。松本は宇宙の話が描きたかった。だが、この漫画をどの出版社に持ち込んでも断られた。
それでも、その後、少しずつ漫画の依頼が来るようになった。しかし、東京の漫画家の絵が、技術の発展で地方でも掲載されるようになっていた。
「東京に行かなければ、どうにもならない」（同右）
松本は月刊少女雑誌『少女』の連載の決定を機に東京へ行くことを決断。本郷三丁目の四畳半に下宿しながら漫画を描き続けた。『男おいどん』の世界だ。最も貧しかった。彼は少女漫画を描きつつ宇宙もの、スペクタクルものが描きたかった。しかし、当時の少女漫画にそれは求められなかった。
だが、転機は訪れる。松本は活躍の場を青年誌に求めた。それでも雌伏の時は続く。そして1971年、少年マガジンに連載した『男おいどん』が大人気を呼ぶ。そして、『宇宙戦艦ヤマト』で大ブレークする。松本の言葉の一つに「夢を追う限り失敗は続く」がある。夢は失敗の先にあるものなのだ。

偉人
56

毎日妻に書いたハガキ

永六輔

えい ろくすけ、１９３３／４／10～２０１６／７／７。放送作家、作詞家。『大往生』がベストセラー。

１９５９（昭和34）年、初めて作詞した「黒い花びら」がヒットした永六輔。

永はこれ以前から放送作家としてラジオ、テレビで活躍していた。永が結婚したのは１９５５年だった。日本テレビの廊下で会った女性、昌子に一目惚《ほ》れした。熱心に口説いて結婚を承諾してもらったが、難敵は彼女の父親だった。

父親は官僚という堅い仕事に就いていた。そのため、放送作家というナンパな職業の永に娘を嫁がせるわけにはいかなかった。そこで、永は僧侶の父に手紙を書いてもらった。僧侶であれば信じてもらえるだろうと思った。なおかつ、大げさにも巻紙に筆で書いてもらった。永はそれを胸に秘めて昌子の両親に挨拶《あいさつ》に行った。これがうまくいった。結婚を承諾してもらえた。やっと一緒になれた妻だった。

その妻は永より先に旅立っている。末期の胃がんだった。永は、産経新聞の取材で、人生における失敗について聞かれて、そのことを語っている。

「(失敗について) 強いて言うなら、女房が末期がんだとは気付かなった (ことかな)。とっても元気だったのに余命1カ月。これが自覚している唯一の失敗です」

妻の昌子は、少し体調が変だと思い医者に行くと、いきなり末期がんだと診断された。「もう少し早ければ助かったというものではないと言われましたが……」

淡々と永はこのインタビューで語っているが、内心は忸怩《じくじ》たる思いであった。

永は、筆まめである。暇があれば手紙やハガキを書いている。妻へも毎日ハガキを送った。それは、妻が亡くなっても同じだった。今日の食べたもの、今日あったことを書いて送った。まるで妻が生きているかのように。

このインタビューでも答えている。「今日は何を書こうか? うん『くたびれているのに全然同情しない記者だった』って書こうか」。いつまでも妻を愛した永だった。

偉人57

山折哲雄

衝突と挫折を繰り返した人生

やまおり てつお、1931／5／11。学者。専攻は宗教史・思想史。国際日本文化研究センター名誉教授。

山折哲雄が東北大学で専攻したのはインド哲学。実家がお寺さんだったのが影響した。しかし、インド哲学では就職が思い通りにはいかない。仕方なく、大学で非常勤講師をしながら、女子高でも教壇に立った。

そんな時、山折は母校の東北大学に助手の仕事に採用された。30歳を前にしての、やっとの職であった。しかし、1年で辞めてしまう。一流でもないくせに権力的な主任教授に頭にきたからだ。

その後、上京すると、仏教関係を手がける民間研究所に就職する。しかし、ここも3年で辞めざるを得なくなる。研究所が脱税で摘発されたからだ。給料の遅配も続いていた研究所だったため、この機に辞めた。

研究所を辞めた山折だったが、何とか、大学の非常勤講師の職を得ていた。しかし、吉祥寺の駅前で学生たちと酒を飲んでいた時だ。突然、大量の吐血をした。十二指腸潰瘍だった。約4カ月絶対安静の入院生活が続いた。

突然、その病床に見たこともない人物が現れた。それが出版社「春秋社」の社長をしている神田龍一である。彼は退院したらウチに来ないかと声をかけた。なおかつ、仕事の条件は週3日の出社と世に出したいものを作ってもいいという、とんでもない好条件だった。

これが、人生の最大の転機だった。山折は出社の時以外の時間は、執筆に充てた。そして完成したのが、現在でも評価の高い『人間蓮如』だった。山折は当時を振り返ってこう語っている。

「僕は当時、学界の最高権威だったある人物に噛《か》みつく論文などを発表していて、仕事はほとんど干されていました。そんな僕を遠くから、おもしろい奴《やつ》がいるな、と見ていたらしいですね」（『わたしの失敗2』から）

衝突と挫折を繰り返した山折だったが、それは己の筋と考えを通したためだ。それはきっとどこかで誰かの共感を呼ぶ。もちろん、才能がなければダメだが。

偉人 58

岡本太郎邸のドブ掃除

黒川紀章

くろかわ きしょう、1934／4／8～2007／10／12。日本を代表する建築家のひとり。

黒川は京都大学建築学科を卒業し東京大学大学院で丹下健三の薫陶を受ける。しかし、大学院の研究室は研究室というのは名ばかりで、ほとんど丹下の建築事務所と化していた。下働きが嫌で黒川は、いつも新しい建築を構想していた。そのため、建築家のもう一つの仕事、営業の仕事を学ぶことができなかった。だから、いつも黒川はかつかつの生活だった。仕事の取り方を知らなかった。

本当に貧乏だった。食べる物がなくて、そうめんで作った建築の模型を解体すると、それをつゆにつけて食べたほどだ。しかし、戦後を経験している黒川には耐えることができた。ペンペン草に比べたら、そうめんなんて、ごちそうだ。

もちろん、仕事がなければ生きていけない。そこで、黒川は考えた。コンペに参加しよう。コンペであれば、入賞すれば賞金が出る。採用されれば、設計代も出る。設計には自信があった。彼は、さまざまなコンペに参加し入賞を繰り返す。ただし、賞金の出ないコンペもあった。カンダ・トロントの市役所がそうだった。ファイナルの十数作に選ばれたが採用はされなかった。賞金も出なかった。

一方、パリのポンピドーセンターは最後の2案に選ばれた。この時は賞金が出て、やっとまともに食えるようになった。しかし、それでも仕事はほとんどない。

本格的に仕事がきだした最初が、山形県の寒河江市役所だった。市役所が黒川を選んだ理由は「従来にはない、役所イメージを打ち破る市庁舎」だった。

その意向を聞いた黒川は、予算がないにもかかわらず、岡本太郎に仕事をお願いした。「お金がありません」と岡本に黒川は話すと、岡本は条件を出した。「自宅のドブ掃除をしてくれたら考える」。こう言われて黒川は、本当に1日、ドブ掃除をした。そして岡本は快く黒川の仕事を引き受けた。本気度を確かめたのだ。

今でも、寒河江の市役所に行くと、太陽の光を縦横無尽に伸ばしたシャンデリアを見ることができる。公的な空間にシュールな光が注ぐ。斬新な設計にすべてを捧げた黒川と岡本の傑作である。

偉人
59

梨元勝

「恐縮ですが……」のワケ

なしもと まさる、1944／12／1～2010／8／21。芸能リポーター、タレント。函館大学商学部客員教授。

もともと梨元勝は雑誌の記者だった。記者になった理由は先輩からの助言だった。大学を卒業するにあたって、彼は大学院を目指していた。しかし、その話を先輩にすると、彼は怒った。「おじいちゃんのスネをかじって大学に行き、さらに大学院まで行くのか！」。先輩は梨元が祖父と二人暮らしのことを知っていた。梨元はそれに反発するように言った。「そう言うなら、仕事を紹介してくださいよ」。そして、先輩が紹介してくれたのが『ヤングレディ』の記者だった。梨元思いの先輩だった。その後、梨元は立花隆の助言で芸能リポーターに転身する。その彼のトレードマークが「恐縮です」だった。この言葉は、彼が芸能記者だった頃に身につけた。当時の記者は荒っぽかった。梨元は話す。

「大げさに言えば、（芸能人の男女が）一緒に歩いていれば『婚約だ！』、手をつないでいれば『妊娠だ！』、クレームがくれば、『書いちゃったんだから仕方がない。まあ、謝ってこい』でしたからね」（『わたしの失敗1』から）

だから、電話取材など、ほとんど芸能人は相手にしてくれない。出てくれれば、それだけでもめっけもの。その時、相手に話してもらうために下手に出た。「恐縮です」「申し訳ありません」が口癖になった。こういう調子だから関係が切れてしまった芸能人も多い。松坂慶子もそのひとりだ。梨元は話す。

「隠し撮りをしたこともあります。当然怒られます。親しい間柄が一気に絶縁。松坂さんがそうでした」（同）。だが、切れてしまっても、5年ほど経つと関係が修復される。ほとぼりが冷めるというやつだ。松坂慶子ともそうであった。梨元は先の『わたしの失敗1』の中でこう述べている。

「リポーターを続ける限り、一時的に人間関係が切れてしまう可能性があっても、書かないわけにはいかない。しゃべらないわけにはいかない。そうでなければスクープはできません。これからも恐縮ですがリポーターを続けます」

芸能リポーター一筋に生きてきた梨元だから言える言葉であった。

偉人60

1日10食の試食
江頭匡一

えがしら　きょういち、1923／3／25〜2005／4／13。実業家。ロイヤルの創業者。

『新忘れられた日本人』（毎日新聞社）を書き続けた作家、佐野眞一がロイヤルホストの創業者である江頭匡一の自宅に泊まった時のことを書いている。

「自宅で肌着を脱ぎ、腹部を見せられた時である。胸から下腹部にかけ、ひきつれたようなメスの跡が七本残っていた。（中略）

十二指腸潰瘍、直腸潰瘍、胆石、胃潰瘍、胆のう壊疽、肝炎などを発病させ、七つのメスの跡となって刻まれた。

大量の消化剤と下剤が常備された江頭のアタッシェケースのなかには、外食チェーンの経営者に最もふさわしからざる常備薬が入っている。浣腸である」

江頭の頭部の手術はすべて創業以来、試食をし続けた代償であった。彼は1日10食の試食を課していた。さらに、浣腸は、より食べるために1日2本の浣腸が欠かせなかった。1年700本の浣腸を使用していた。

その様子を見て、佐野はこう書いている。「日本一のレストランチェーンを目指す男の姿は、格好悪さを通り越して壮絶であり、感動的ですらあった」と。

江頭の商売のスタートは進駐軍との取引だった。福岡の米軍キャンプから床屋、洋服屋、自動車の修理工場、宝石商、パン工場など、サービス部門をすべて担当する権利を与えるから、1ドル＝50円のレートで取引しないかと誘われた。

そのレートでは、商売は成り立たないが彼は引き受けた。最初は赤字続きだったが、神風が吹いた。朝鮮戦争である。ドルレートは1ドル＝270円になった。一気に大金が転がり込んだ。

それを元手に外食産業の世界に彼は進んだ。ロイヤルは1959（昭和34）年に、天神でスタートした。彼は他社に先駆けてセントラルキッチン方式やフランチャイズ制を導入した。そして、必ず自ら試食した。そして、少しでも問題があるとダメ出しをし、新たに作り直させた。江頭は、それらをすべて完食した。

そのツケが体中の手術の跡だった。しかし、それは江頭の勲章でもあったのだ。

偉人 61

九死に一生を得た浪曲師

二代目 広沢虎造

ひろさわ とらぞう、1899／5／18～1964／12／29。浪曲師、俳優。「清水次郎長伝」の虎造節で一世を風靡。

「飲みねえ食いねえ」「ばかは死ななきゃなおらない」の節で一世を風靡《ふうび》した浪曲師、広沢虎造。その節回しを誰もが一度は聞いたことがあるだろう。この節回しは虎造節と呼ばれた。師匠譲りの関西節や、鼈甲斎《べっこうさい》虎丸の中京節、関東節などの節回しを独自に取り入れ改良したものだ。

持ちネタは国定忠治、雷電爲右エ門、祐天吉松、寛永三馬術など多岐にわたっていたが、特に人気だったのが冒頭に挙げた「清水次郎長伝」であった。

だが、その虎造も致命的な欠陥があった。声が小さかったことだ。マイクが無い時代だったから、大きな会場だと後ろから「聞こえん！　もっと大きな声を出せ！」とヤジが飛んだ。

しかし、その虎造を救ったのはラジオであった。

1926（大正15）年、5月30日にラジオ放送が始まる。浪曲はラジオにとってキラーコンテンツであった。さらに、小さな声であってもラジオなら関係ない。虎造にとっては願ったりかなったりの状況が生まれた。

しかし、1933（昭和8）年、不幸が虎造を襲う。東京の世田谷で交通事故に遭う。それも大事故だった。ラジオ放送が始まって、これから積極的に売り出そうという時だった。

虎造は次の公演会場へタクシーで移動していた。その時、碑文谷の電車の踏切で、タクシーが立ち往生してしまった。そこへ電車が入ってきた。正面衝突。運転手は2週間の重傷で済んだが、運転手助手は危篤、虎造のマネジャーは即死、虎造も一命は取り留めたもの瀕死《ひんし》の重傷を負った。

そして、この事故は新聞各紙にも大々的に報道された。これが逆に虎造に幸いした。一気に虎造の名前が広がったのだ。不幸中の幸いであった。虎造は復活した。1938（昭和13）年、後楽園球場で独演会を開き、その後の虎造時代をつくるのだ。

偉人62

阿久悠

究極の人好きで人見知り

あく ゆう、1937/2/7〜2007/8/1。作詞家、詩人、小説家。

阿久悠のペンネームの由来は悪友であった。広告会社に勤めている時、放送作家として活動を始めたが、会社にばれないようにつけた名前だった。いずれ、変えようと思っていたが、そのまま売れてしまったので仕方なく使い続けたという。

彼は、脚本や小説を書きたかった。『瀬戸内少年野球団』が直木賞候補になったが、この小説も仕事の合間にコツコツと書いたものだった。だが、時代は彼を作詞家にさせた。広告会社に勤めていたということも、それに拍車をかけた。

映画の脚本家になりたくて広告会社に勤めるが、させられた仕事はCMの絵コンテ作りだった。絵を描くことは嫌いではなかったが、脚本を書く仕事がしたかった。だが、この絵コンテ作りが後の作詞家としての基礎をつくった。

絵コンテを作るには、絵が描けるだけではダメである。相手の要望を聞いて、世界観をつくり、絵とともにコピーを考える。まさに、歌詞作りと同じであった。

阿久悠は、歌詞を作る時、歌う人の生きざまを考えた。その人が、この歌詞で何をファンに伝えるのか、その人の魅力とは何か。これはCMと同じだった。購買者に商品の魅力を、いかに伝えるのかが大切だからだ。

岩崎宏美が雑誌『週刊現代』のインタビューでこう答えている。

「阿久先生は最初、無駄に笑わない、怖い印象がありました。でも、詞をいただくたび、『こんなに年が離れているのに、どうして私の気持ちが分かるのかしら』と不思議で。

阿久先生が亡くなる数カ月前、ラジオ番組でご一緒した時『僕は岩崎宏美をどうやって成人させるか、いつも考えていたんだよ』と教えてくれました。そこまで親身になって考えてくださったのか、と胸が熱くなったことを覚えています」

同じ作詞家であった小林亜星は阿久悠のことを「究極の人好きで人見知り」だったという。阿久悠は『作詞入門』を残しているが、彼の作詞の原点は、いかに人を知り、いかにその人の魅力を伝えるかにあった。

偉人
63

カルピスに秘められた思い

三島海雲

みしま かいうん、1878／7／2〜1974／12／28。実業家。「カルピス」の生みの親であり、カルピス株式会社の創業者。

三島海雲は仏教大学（後の龍谷大学）で仏教を学んだ人物である。彼が生み出したカルピスの名も、仏教を生み出した言葉、サンスクリット語が語源である。三島が設立した三島海雲記念財団のホームページにはこう記されている。

「『カル』はカルシウム、『ピス』はおいしさを表すサンスクリット語から自身が命名。水玉のデザインは天の川、銀河の流星をかたちどったものです」

三島は戦前、中国大陸で商売をしている時、軍部から軍馬調達の使命を受ける。軍馬を調達するために、彼は内蒙古（現内モンゴル自治区）に入り、ジンギスカンの末裔《まつえい》という一族のもとに滞在した。

その時、三島は体調を崩すが、その一族に酸っぱい乳である酸乳を飲むよう勧められた。すると体が回復してきたのだ。それ以来、滞在中はずっと酸乳を飲み続けた。常に体調がよかった。海雲はこのことを、「異郷の地で不老長寿の霊薬に出合った思い」だったと記している。

これが乳酸菌との出会いであった。彼はこれを日本でも売り出せないかと考える。しかし、なかなかうまくいかない。だが、脱脂乳で乳酸を発酵させ、カルシウムと砂糖を混ぜると、健康的なおいしい飲み物が完成した。

三島は、このカルピスに「初恋の味」というキャッチフレーズをつけた。すると子どもから大人まで幅広い層に受け入れられ、カルピスは人気商品になった。

現在でもカルピスは改良を重ねつつも、その本来のかたちを失わずに店頭に並んでいる。三島の願いはここにあった。彼の願いは、常に、国民が健康で幸せに暮らすことだった。仏教を信じていた三島は、「国利民福」ということ常に考えていた。カルピスはそのための商品であった。1923年、関東大震災が起きると三島は、全財産をはたいて、カルピスを渇水した地域にトラックで無料配布した。そして、1962年、全私財をつぎ込んで、「国利民福」の実現のために三島海雲記念財団をつくり、後進の育成に力を入れた。

偉人
64

日本を独立させた男

吉田茂

よしだ しげる、1878／9／22～1967／10／20。政治家。第45、48～51代内閣総理大臣。

1951（昭和26）年、吉田茂はサンフランシスコへ講和条約の調印に向かった。そして、講和条約にサインする。この時、サインしたのは吉田以外に、蔵相の池田勇人、国民民主党の苫米地義三《とまべちぎぞう》、自民党の星島二郎、参議院緑風会の徳川宗敬《むねよし》、日銀総裁の一万田尚登《いちまだひさと》、計6人であった。

講和条約の調印が終わると、彼らは宿舎に戻った。すると、吉田はそのあと再び外出しようとする。それを見た池田が吉田のあとを追おうとした。それを見た吉田は言った。「君はついてくるな」

吉田は日米安全保障条約のサインに向かうところだった。吉田はその日米安保の意味を知っていた。日本の再軍事化と日本の対米従属化であった。それは、多くの国民には受け入れがたいものであった。だが、これしか日本が独立する方法はなかった。朝鮮戦争が起き、日本列島はソ連や中国に対して、西側防衛の最前線基地になっていた。アメリカにとって手放せない場所であった。

しかし、そのままGHQが日本にいたら、いつまで経っても日本は独立できない。経済的自立も不可能だ。吉田は決断した。経済的自立を日本は図ると同時に、軍事の多くはアメリカに負担してもらい、一部だけ防衛を日本は担う、という究極の選択だった。

だが、この調印に誰も巻き込みたくなかった。吉田ひとりだけ責任を取ればよい、そう考えていた。池田はその気持ちが痛いほどわかった。しかし、吉田の一番弟子を自任する池田にとって、ひとりで吉田を行かせるわけにはいかなかった。

池田は、無理やり吉田のタクシーに乗り込んだ。そして、タクシーはゴールデンゲートブリッジを見下ろすプレシディオ将校クラブに着いた。

池田が行けたのはここまでだった。吉田は、それ以上池田を付き添わせるわけにはいかなかった。吉田はひとり部屋に入り、日米安保条約にサインした。自分以外、誰にも責任を負わせないために。日本の独立はこれで達成できたのだ。

偉人
65

ノーベル賞作家の孤独
川端康成

かわばた やすなり、1899／6／14～1972／4／16。作家。1968年に日本人初のノーベル文学賞を受賞。

「国境の長いトンネルを抜けると雪国だった」

誰もが知る川端康成の名作『雪国』の冒頭である。日本初のノーベル賞作家で『雪国』のほか、『古都』『舞姫』『山の音』『千羽鶴』など、膨大な作品を残した。

彼は晩年、自殺をしたことで多く語られるが、あまり彼の幼少期を語るものはいない。彼の幼少期は孤独な時代だった。早くして両親と死に別れている。父は医師で川端栄吉といった。母はゲン、ほかに4歳上の姉、芳子がいた。

父は結核にかかっていた。さらに、なかなか医院がうまく軌道に乗らず無理がたたった。母も父の結核が感染し、二人とも母の実家近くに転居する。だが、そこで父は間もなく亡くなってしまう。32歳であった。その後、川端は姉と二人で母の実家に預けられるが、母、ゲンも栄吉が亡くなった翌年には結核で亡くなった。川端は母方の祖母と祖父のもとで育った。姉は母の妹であるタニの嫁いだ家に預けられた。ここで川端は姉とも離れ離れになってしまう。

母方の実家は代々の庄屋の大地主であった。そのため、お金に困ることはなかったが、川端は人と交わるのが嫌いで学校を休みがちだった。そんな時、優しくしてくれたのが祖母であった。しかし、その祖母も彼が小学校に入学した時、亡くなってしまう。その翌年、さらにタニのもとに預けられた姉が熱病で倒れる。その危篤を知った祖父は非常に悲しんで、易者に生死を占ってもらったほどだった。しかし、その姉も13歳で夭折《ようせつ》している。この時に川端は、姉が亡くなった電報を受け取っていたが、祖父の気持ちを思うとそのことが言い出せずに、しばらくの間黙っていたという。川端の肉親は唯一、祖父だけになってしまった。川端は祖父と暮らしている間、夜になると、寂しくて家を飛び出し、友達の家に遊びに行った。幼心に孤独を抱えていたのが川端だった。

後年、川端は後進に関しては非常に面倒見がよく、多くの作家を育てた。それも、孤独の裏返しだったのかもしれない。

第三章

偉人たちの残したもの

偉人
66

折口信夫

藤井春洋への思い

おりくち しのぶ、1887/2/11～1953/9/3。民俗学者、国語学者であり、釈迢空と号した詩人・歌人。

詩人でもあり民俗学者でもあった折口信夫。彼は民俗学者の柳田國男の弟子でもあった。1945（昭和20）年、終戦を迎えると柳田は折口に、こんな質問をしている。

「折口君、戦争中の日本人は桜の花が散るように潔く死ぬことを美しいとし、われわれもそれを若い人に強いたのだが、これほどに潔く死ぬことを美しいとする民族が他にあるだろうか。

もしあったとしてもそういう民族は早く滅びてしまって、海に囲まれた日本人だけが辛うじて残ってきたのではないだろうか。折口君、どう思いますか」

これに、折口は答えることができずに、深く思い沈んだ。

折口には、18年間を共にした藤井春洋《はるみ》の存在があった。藤井は折口の愛人でもあった。折口は同性愛者で、藤井が召集されて硫黄島に行くと、彼を養子にした。しかし、藤井は硫黄島で玉砕している。この藤井に対する思いで、折口は柳田の質問に答えられなかった。潔く死ぬということが正しいとは思えなかった。

折口は、終戦の玉音放送を聞くと40日間の喪に服した。藤井への思いであった。しかし、柳田から与えられた質問が心に残り続けた。民俗学者である自分への課題でもある。日本人の神や魂に対する自分の答えを見つけなければならなかった。彼は一冊の本を書いた。それが、『民族史観における他界観念』である。

死には二つある。一つは完成された死であり、もう一つは不完全な死である。戦争は不完全な死の集まりである。その不完全な死を完全なものにするのが念仏踊りだ。彼はそう考えた。潔く死ぬのは美しい死かもしれない。しかし、戦争の死は決して美しくはない。だからこそ、日本人はその不完全な死を完全なものにするため、祈りを重ね、踊りを踊ってきたのだ。鎮魂の意味はそこにある。

折口は、死ぬまで藤井の遺影に供養を欠かさなかった。それこそが彼の死を完全にするためのものだったのかもしれない。

偉人 67

池波正太郎

人生を語れる美食家

いけなみ しょうたろう、1923/1/25〜1990/5/3。戦後の日本を代表する時代小説・歴史小説作家。

「そば屋はゆっくり酒を飲むところ」

池波正太郎の言葉である。『鬼平犯科帳』『剣客商売』『仕掛人・藤枝梅安』『真田太平記』など、時代小説や歴史小説で知られる大作家だが、美食家としても多くのエッセイを残している。

彼はさまざまな食材に舌鼓を打っている。シューマイやカレー、鶏すき焼きやステーキ、おいしければ、えり好みしなかった。そんな池波だが、麺類にも目がなかった。五目焼きそばやネギそば、それに夏になれば、冷やしそばも好きだった。

そして、日本酒とそば。彼にとっては最高の取り合わせの一つだった。

池波がそば屋に行くのは、昼時を避けた午後遅めの時間。美食家であると同時にお酒も好きだった池波は、日本酒と一緒に、そばがきや焼き海苔《のり》、板わさなどを注文した。まず、日本酒とつまみで舌鼓を打つと、もりそばでしめる。

そばに対しては、こんなうんちくも披露している。

「そばを食べるときに、食べにくかったら、まず真ん中から取っていけばいい。そうすればうまくどんどん取れるんだよ」。そんな食べ方だった。

彼は、昔の味が好きだった。池波のエッセイにも『むかしの味』という本がある。そこには、こんな文章が載っている。

「むかしの味のする店は働いている人たちが決まって親切なのだ」

昔ながらの味を守っている店は、昔ながらの、お客を大事にする風土が残っているのだろう。そんな、居心地のいい空間が池波にとって至福の時だった。

池波の『食卓の情景』には、今まで食べてきたものと同時に、その時の思い出が語られる。彼にとって、食べることは人生と重なっていた。

「椀の熱い味噌汁を口にしたとき、『うまい！』と感じるだけで、生き甲斐を覚えることもある」

本当の美食家は、食べ物を、生きざまを通して語れる人なのだ。

偉人
68

田河水泡

自らの徴兵生活を描いた『のらくろ』

たがわ すいほう、1899/2/10~1989/12/12。昭和初期の子ども漫画を代表する漫画家。

漫画『のらくろ』の作家が田河水泡である。彼は自らの徴兵時代の経験を『のらくろ』に反映させた。このことを聞いた文芸評論家の小林秀雄は大いに驚いたという。そのことを、田河の長男である高見澤邦郎は文藝春秋(2024年8月号)に書いている。「昭和30年代だが、小林は『漫画』という一文を『文藝春秋』に寄せている。『……或る日、彼は私に真面目な顔をして、こう述懐した。「のらくろというのは、実は、兄貴、ありゃ、みんな俺の事を書いたものだ」。私は、一種の感動を受けて、目が覚める思いがした……』と」

ここで、少し説明がいるだろう。田河が小林秀雄を兄貴と呼んでいるのは、彼が小林の妹、小林潤子を妻にしていたからだ。

田河は1919(大正8)年に徴兵され陸軍第一師団三連隊に仮入営、翌年、朝鮮の羅南に配属されている。『のらくろ』では、犬の兵隊が主人公である。野良犬の、のらくろは、やせっぽちですぐに音を上げ、失敗ばかりを繰り返す。その、のらくろが訓練や戦闘を重ねるうちに成長していく物語だ。子どもたちは、この漫画に自分を重ねつつ、成長するのらくろに共感した。

主人公は犬とはいえ、さまざまなシーンはコミカルであってもリアルに子どもたちに響いた。それは田河の実体験があったからだ。この物語の手法は、今の少年漫画の原点になっている。『少年ジャンプ』などはその典型だ。力のない少年が、友達を得て努力を重ね、成長し勝利していくストーリーである。

のらくろは１９３１年から41年まで、10年にわたって『少年倶楽部』で連載されたが、戦時統制のために終わってしまう。軍人を笑いものにし、軍隊を使って金もうけをしているところには、紙を支給しないということだ。しかし、コミカルであるが、主人公の成長物語である。これをやめてしまうのは、明らかに失策だろう。このことだけでも、日本が負けた理由がわかるというものだ。

『のらくろ』が終わって、多くの少年たちは悲しくて悔しがったという。

偉人
69

阪東妻三郎

全く芽が出なかった若き「阪妻《バンツマ》」

ばんどう つまさぶろう、1901/12/14～1953/7/7。俳優。端正な顔立ちと高い演技力を備えた二枚目。

昭和の二枚目俳優として大スターになる阪東妻三郎だが、昭和直前まで全く芽が出なかった。阪東は、1916(大正5)年、16歳の時、出世するなら歌舞伎の世界と思い、十五代目市村羽左衛門の門を叩くが、門前払いを食らってしまう。落ち込んで帰る途中、近くにあった十一代目片岡仁左衛門のところに飛び込むと、番頭の伊東に「まあ遊んでいろ」と内弟子を許された。

しかし、仕事は雑用ばかり、しつけも厳しく、雑用の合間に、黒衣を着て舞台を見たり、狂言をメモにとったりするだけの日々だった。阪東は2年間、辛抱したが結局ものにならず、歌舞伎の世界から足を洗ってしまう。その時タイミングよく、吾妻座から声がかかって、芝居の世界に足を踏み入れるが、ここでも芽が出ず。

その後、活動写真（映画）の世界に目覚め、国際活映に入るが、松竹キネマ蒲田撮影所ができると、松竹キネマに移った。しかし、共に行動した森要がここを辞めてしまったために、また、国際活映に戻るが、主役は遠い世界だった。

歌舞伎、演劇、映画、どの世界に行っても、この時代の阪妻はものにならなかった。1921年、阪妻は脇役やエキストラばかりの仕事だった国際活映を辞めて、同じく俳優仲間と、「東京大歌舞伎　阪東妻三郎一座」を立ち上げる。ここで初めて阪東妻三郎を名乗った。ここでは、最初はうまくいっていた。大入りの大うけだった。しかし、阪東は人気をねたまれ、さらに裏切りにも遭って一座は解散。阪東はみすぼらしい姿で実家に戻ることになる。

1923年、マキノ映画製作所へ移る。ここで、やっと阪東の転機が訪れる。顔が立派で大柄であることが役に立った。最初は目立ってばかりで画面の邪魔だったが、悪役をやらせたらハマった。「白面の美剣士が適役」ということで評判を呼び、スターへの足掛かりとなった。1924年のことだった。そしてスターの階段を一気に上がっていく。下積み8年が昭和の大スター阪妻を生み出した。

偉人
70

理解されなかった哲学
西田幾多郎

にしだ きたろう、1870／5／19～1945／6／7。哲学者。京都学派の創始者。

『善の研究』や『哲学の根本問題』などの著作を表した哲学者が西田幾多郎だ。しかし、彼の哲学を真に理解した人がどれだけいただろうか。

戦後、主体性論争というものがあった。文学者や哲学者から起こった論争で、戦後の混乱の中でどう生きていけばいいのか。なぜ、戦前の体制を批判できず、戦争に協力してしまったのか、という反省から起きた論争だった。

その時に批判されたのが西田の京都学派の哲学だった。批判された理由は西田が大東亜共栄圏に対して協力的で思想的バックボーンを与えたことがあったからだ。平たく言えば、戦争協力者だったということだ。だが、西田を批判した者たちは、真に西田を理解していたのだろうか。戦争協力者という一点から彼を見ていたに過ぎないのではないか。結局、西田への批判は階級的視点がなかったというところに集約された。それは左翼陣営から起きた批判のための批判に過ぎなかった。

西田哲学の根本は人間の存在論である。人間は（人間だけではないが）「絶対矛盾的自己同一」の存在であるということだ。超平たく言えば、常に心と体は矛盾しているが全体としては統一している。細胞は常に死んで生まれているが、体全体は常に統一して存在しているということだ。そこには階級性は関係ない。

西田は、加賀藩の大庄屋を務めた豪農の末裔《まつえい》として生まれた。しかし、父の事業失敗で破産となり、姉や弟が亡くなっている。東京帝大に進学するが選科だったためにばかにされて差別感を味わった。さらに最初の妻とは死別し、子どもも亡くなっている。西田は苦難の連続だった。

それでも、西田は、人間という存在の矛盾を理解するために、とことん思索を繰り返した。戦前、西田は大東亜共栄圏の新政策の演説のために協力を依頼された。彼はそのために原稿を書き上げるが、政府の誰もその内容がわからなかった。結局、それはボツにされてしまった。誰も西田を理解することができなかったのだ。

現在、西田の再評価が始まっている。いつ日本人は西田に追いつけるのだろうか。

偉人 71

服部良一

軍歌を作らなかった作曲家

はっとり りょういち、1907／10／1～1993／1／30。作曲家、編曲家。和製ポップスを切り開いた音楽家。

NHK連続テレビ小説『ブギウギ』の羽鳥善一のモデルになったのが服部良一である。「東京ブギウギ」「銀座カンカン娘」など、さまざまなヒット曲を作った作曲家だ。服部の曲の特徴はジャズをベースにした和製ポップスにあった。

彼の本格的な活動は1936（昭和11）年、コロムビアの専属作曲家になってからである。入社1作目は淡谷のり子が歌った「おしゃれ娘」である。最先端を行くスイングジャズを取り入れた楽曲だった。続いて提供した淡谷のり子の「別れのブルース」は黒人ブルースをベースにしたもので大ヒットを飛ばす。

その後も、淡谷のり子の「雨のブルース」、東宝映画『支那の夜』の主題歌「蘇州夜曲」が大ヒット。さらに、中野忠晴の「チャイナ・タンゴ」、霧島昇の「一杯のコーヒーから」、高峰三枝子の「湖畔の宿」、コロムビア・ナカノ・リズムボーイズの「山寺の和尚さん」、渡辺はま子の「いとしあの星」など、いずれも大ヒットする。まさに服部メロディーの黄金時代を迎えた。

しかし、1941年、太平洋戦争が始まる。これを機にジャズをベースにした服部の音楽が適正音楽として批判され、排除されるようになっていく。淡谷のり子に提供した「夜のプラットフォーム」は「出征兵士の士気をそぐ」という理由で発禁処分になった。服部の曲は軍隊には受け入れられず、彼は軍歌を作ることはなかった。しかし、それでも服部は曲を作り続けた。

1943年、服部は満州映画『私の鶯《うぐいす》』のために満州へ渡る。そこで、李香蘭に「私の鶯」を提供し、新京音楽団とハルピン交響楽団で作品発表会を行った。さらに翌年、中支派遣軍報道部嘱託奏任官佐官待遇として漢口、南京、上海方面に渡る。上海交響楽団を指揮して「夜来香幻想曲」などを発表した。

そして、戦後を迎えた。音楽の縛りはなくなった。服部は積極的に曲を作った。そして、「買物ブギ」のように作詞も手掛けるようになる。第2の黄金期の始まりだった。縛りのない時代こそが服部の自由な発想を生かせる時だった。

偉人 72

昭和天皇

国民を救った決意の行動

しょうわてんのう、1901／4／29～1989／1／7。第124代天皇。諱（いみな）は裕仁（ひろひと）。

太平洋戦争を終わらせたのは昭和天皇である。その天皇が日本人の救済を求めて会ったのがGHQ司令官のマッカーサーであった。

1945（昭和20）年9月27日、昭和天皇は、マッカーサーに会いに駐日アメリカ大使館に現れた。その時、マッカーサーは陛下を拘束しようと、米軍2個師団に待機を命じていた。

マッカーサーからしてみれば、戦争に敗北した国の元首たる昭和天皇は、戦争責任を取って極刑にされても仕方ない存在だった。

しかし、昭和天皇は、丸腰でマッカーサーの前に立った。そしてこう述べた。

「日本国天皇は、この私であります。戦争に関する一切の責任は、この私にあります。すべてが私の命において行われた限り、日本はただ一人の戦犯もおりません。しかしながら長年にわたる戦いで、罪なき8000万の国民には住む家もなく、着る服もなく、食べるものもなく、実に深憂に耐えぬものがあります。どうか閣下の温かきご配慮を賜りまして、この罪なき国民の衣食住に、ご高配を賜りますようお願いいたします」

そして、深々と頭を下げた。そこにいた通訳は、その言葉をそのままマッカーサーに伝えていいものか、戸惑ったという。その言葉は、「私は極刑にされても構わないから、国民を救ってほしい」という意味だからだ。陛下の死を覚悟しての言葉だからだ。

その時、マッカーサーは悠然とパイプを咥《くわ》え、椅子に座っていた。しかし、陛下の言葉を聞くと、マッカーサーはすくっと立ち上がって部下の兵士に命じた。

「すぐに武装を解け。天皇に覚悟ができているから、逃げも隠れもしない」

と、用意していた2個師団に武装解除を命じている。マッカーサーの自叙伝では、以下のようにも記されている。

「天皇陛下は、私に『絞首刑はもちろんのこと、いかなる極刑に処せられても構わない』とおっしゃった」と。

　マッカーサーは陛下の言葉を、まさしくストレートに感じていた。死を覚悟して会いに来ていると。そして、陛下に椅子に座るよう促すと、こう答えた。

「日本の天皇とは、このようなものでありましたか。私も日本人に生まれたかったです。陛下、ご不自由でございましょう。私にできますことがあれば、なんなりとお申しつけください」

　これに対して、陛下は再び椅子から立ち上がり、

「閣下は日本人でないから、私の気持ちがわかっていただけない。命を捨てて、閣下のお袖にすがっておりまする私に、一体何の望みがありましょうか。どうか国民たちの衣食住に、重ねてご高配を賜りますようにお願いいたします」

と話された。陛下の願いは国民の生活の保障だった。まずは、戦後の混乱の中、生死の淵にいる国民を助けたかった。

　その後、ＧＨＱはさまざまな援助を日本に提供した。陛下の自らの命を懸けてのお願いと、その言葉に感じ入ったマッカーサーが日本国民の命を救ったのだ。

偉人
73

伊集院静

夏目雅子に見せなかったテレビ

いじゅういん しずか、1950／2／9～2023／11／24。作家、作詞家。

伊集院静は1981（昭和56）年、『皐月』でデビューした作家であり、「ギンギラギンにさりげなく」などの近藤真彦の楽曲に詞を提供した作詞家でもある。

彼は3回結婚しているが、2回目の妻は夏目雅子である。しかし、彼女との結婚生活はたった1年足らずであった。

伊集院静が夏目雅子と出会ったのは、彼がジェイ・エム・エスのCMディレクターをしている時だった。夏目雅子はまだ無名のモデルだったが、伊集院が作ったカネボウ化粧品サンケーキのCM「クッキーフェイス」でブレークした。小麦色の肌と大胆な肢体で笑った笑顔に誰もが度肝を抜かれた。

この時、伊集院には妻子がいた。それからの7年の長い不倫関係だった。伊集院は、その後、1980年に離婚が成立する。

1984年8月27日に伊集院と夏目は結婚をする。そして、その5カ月後、夏目に白血病が発症した。闘病生活が始まったが、伊集院は彼女には病名を告げていなかった。

夏目の病室にはテレビが置いていなかった。それは彼女の病気についての報道を彼女に見せないためであった。いつ、勝手なスクープが流れるかわからない。

そして、1985年9月11日、夏目はあの世に旅立った。

その当時のことを伊集院は『大人の流儀5　追いかけるな』で書いている。

「私の前の妻、夏目雅子は若くして病死した。その通夜の席で、彼女の祖父に斎場の隅に呼ばれ、言われた。

『君は若い。良い女性がいたらさっさと次の家庭を持ちなさい。いつまでも追いかけていたら、周りも不幸になる。それが大人の生き方だから』

私は何を言い出したのだ、と驚いたが、今はわかる。去っていく人を去っていった時間を、追ってはいけない」

その伊集院も2023年に亡くなった。今、天国で二人はどうしているのだろう。

偉人
74

江戸川乱歩

戦争で書けなくなった作家

えどがわ らんぽ、1894/10/21～1965/7/28。推理作家、怪奇・恐怖小説家。

アメリカの小説家、エドガー・アラン・ポーが名前の由来の推理小説家だった江戸川乱歩。『D坂の殺人事件』『陰獣』、児童向けの『怪人二十面相』など数々の小説を世に送り出し、名探偵、明智小五郎をつくり出した作家でもある。1928（昭和3）年、彼が新境地を開いたのは『陰獣』である。冒頭を紹介しよう。

「私は時々思うことがある。探偵小説家というものには二種類あって、一つの方は犯罪者型とでも云《い》うか、犯罪ばかりに興味を持ち、仮令《たとえ》推理的な探偵小説を書くにしても、犯人の残虐《ざんぎゃく》な心理を思うさま書かないでは満足しない様な作家であるし、もう一つの方は探偵型とでも云うか、ごく健全で、理智的な探偵の径路にのみ興味を持ち、犯罪者の心理などには一向頓着《いっこうとんちゃく》しない様な作家であると。そして、私がこれから書こうとする探偵作家大江春泥《おおえしゅんでい》は前者に属し、私自身は恐らく後者に属するのだ」

江戸川はこの冒頭で後者に属すると書きながら、実際は前者の作品を書いた。この作品は変態性欲を描いたもので批判も多かったが、横溝正史は絶賛した。

それから、彼のエログロ、猟奇、残虐趣味を押し出しつつ、巧妙なトリックで描く推理小説は数々のスマッシュヒットを飛ばした。単行本は数十版を重ねた。

江戸川は最初の少年ものを書くのは1936年である。『怪人二十面相』を『少年倶楽部』で連載した。この作品は、少年少女の心をグッとつかんだ。

しかし、日中戦争が始まると、探偵小説は内務省に検閲され、その後、『芋虫』が発禁になった。さらに、これをきっかけに「乱歩は危ない」と、各出版社は江戸川に仕事を依頼しなくなる。特に太平洋戦争が始まるとパタリと原稿依頼はなくなった。戦争が彼の創作を止めてしまったのだ。

戦後、江戸川乱歩は創作を開始するが、評論や圧倒的に少年ものが中心になる。創作の方向性が変わったといえば、それだけだが、戦争がなければ、あの本格的で猟奇的な世界はもっと花開いていたかもしれない。

偉人
75

石原莞爾

日中戦争は望んでいなかった

いしわら かんじ、1889／1／18～1949／8／15。陸軍軍人、軍事思想家。最終階級は陸軍中将。

1931（昭和6）年、満州事変を起こした関東軍参謀が石原莞爾である。彼は、まず満州国を建国し、そこで日本の国力を高めようとしていた。

彼の書いた『世界最終戦争』で描かれていた最終戦争は、日本とアメリカが戦うことであった。しかし、それは、実際に起こった日米戦とは全く違っていた。

石原の考えは、満州で日本の国力を高め、それをもとにアジア民族が五族協和を通じて統一され、その力をもってアメリカと戦うものだった。

しかし、この本質を後の軍人たちは理解していなかった。この論の根本には、国力が高まるという前提があった。日本およびアジアの国々の国力がアメリカと匹敵することが前提であった。そうしなければ、アメリカと戦っても勝てない。

1936年、石原は、関東軍が進めていた華北や内蒙古の分離独立工作に反対であった。戦線を満州から中国に拡大することは時期早々であった。

彼は現地に赴き説得するが、現地の高級参謀の武藤章は「石原閣下が満州事変当時にされた行動を見習っているだけです」と反論した。石原は絶句したが、現地の若い参謀たちは大笑いをした。彼らは石原の世界戦略を理解していなかった。日中戦争の始まる時も石原は反対した。しかし、武藤らの強硬派に押されて軍は開戦に傾いていった。石原は近衛首相に自らの案を進言した。

「北支の日本軍は山海関《さんかいかん》の線まで撤退して不戦の意を示し、近衛首相自ら南京に飛び蒋介石と直接会見して日支提携の大芝居を打つ。これには石原自ら随行する」

しかし、近衛に拒絶されてしまう。戦線が泥沼化することを予見して不拡大方針を唱えるが、結局、これもうまくいかなかった。

最終的には、関東軍参謀長・東條英機らの陸軍中枢と対立し、参謀本部から関東軍へ参謀副長として左遷されてしまうのだ。その後、日本は転がり落ちるように日米開戦と突き進み敗戦。もし、石原の真意を理解していれば、日本は全く違った方向を歩んでいたかもしれない。３００万もの日本人が死ぬ必要はなかった。

偉人
76

二人で紡いだ墓
ジャイアント馬場

じゃいあんと　ばば、1938／1／23～1999／1／31。プロレスラー、元プロ野球選手。プロ野球選手の名は馬場正平。

16文キックで、力道山のいなくなった日本プロレス界を引っ張ったのがジャイアント馬場だ。２ｍを超える巨体から繰り広げられる大技にプロレスファンは熱狂した。

彼はもともとプロ野球選手だった。その時代に知り合ったのが妻の元子である。元子は馬場の実質的なマネジメントもしており、馬場のつくった会社、全日本プロレスリングの女帝とまでいわれた。

馬場が亡くなった後は、プロレスラーの三沢光晴が全日本プロレスの後任社長になるが、元子が会社の株式を保有しておりオーナーだった。元子は馬場のプロレスを引き継ぐべきだと主張し、改革を訴える三沢とは対立。結局、三沢は全日本プロレスを飛び出ることになる。

女帝、元子の面目躍如といえるが、実は違っていた。彼女は馬場の遺産を残し続けたかっただけだった。

馬場は元子を愛した。筆まめとも思えない馬場が元子に1000通もの手紙を送っている。二人はなかなか結婚できなかった。元子の両親が反対していたからだ。籍を入れても結婚式が挙げられず、馬場が元子のために作った花嫁衣装はリングに上がる馬場のガウンとなった。

元子は良家の娘だった。両親が反対していた理由は、娘を不安定な仕事のプロレスラーの嫁にはしたくないということだった。しかし、それでも父親は理解してくれた。元子は大のお父さんっ子だった。

いま、馬場と元子の墓は兵庫県明石市の本松寺にある。その横には元子の両親の墓が立つ。馬場は、大好きな父親を亡くして悲しみに沈む元子に、「お父さんの横に二人の墓を建てよう」と声をかけた。

馬場が亡くなったあと、時間はかかったが墓が立った。墓の前には、馬場のリングシューズが飾られている。馬場と元子、そして元子の父と母四人が、眠る

偉人
77

天皇の国師

三上照夫

みかみ　てるお、1928／4／25～1994／1／8。天皇の国師や首相の私的顧問を務めた市井の学者。

天皇の国師と呼ばれた男がいる。三上照夫である。三上が昭和天皇に出会ったのは、1948（昭和23）年12月だった。昭和天皇がキリスト教に改宗すべきか悩んでいる時だった。昭和天皇のもとへはローマ教皇から、キリスト教に改宗すれば、世界各国から支援の援助を得られるだろうとする手紙が届いていた。

当時は、日本国民が戦後の混乱の中、貧困に苦しんでいた。外国からの援助は喉から手が出るほどほしい。しかし、キリスト教に改宗すれば、天皇家の伝統は途絶えてしまう。昭和天皇は大きなジレンマに陥っていた。

そこに登場したのが三上照夫である。彼は天皇の相談役として務めていた今津洪嶽の一番弟子であった。今津は臨済宗の高僧で学僧として知られていた。

その三上は、陛下に会うと、挨拶《あいさつ》もそこそこに、突然、皇居全体に響き渡るような声で、朗々と和歌を披露した（宮崎貞行『天皇の国師』）。

「冬枯れの　さびしき庭の松ひと木　色かへぬをぞ　かがみとはせむ」

この歌は1948年1月の歌会始における陛下の御製である。厳しい冬の中でも凛《りん》として立っている松の古木。陛下は、この木のように、どんな厳しい時代であっても、安易に妥協せず生き抜こうと決意した歌であった。

この歌を聞いた陛下は、すぐに意味がわかった。彼はローマ天皇の申し出を断った。三上と陛下との出会いはそれきりだったが、28年後、出会うことになる。1976年のことだ。この時も陛下は天皇批判に心を痛まれていた。そして、その苦悩する様子に入江侍従長は三上のことを思い出した。すぐに連絡を取った。

三上は陛下に会うと、すぐさま向かって言った。

「かつて楠木正成が後醍醐天皇に申し上げました。『正成一人いまだ生きてありと聞こしめされ候はば、聖運ついに開かれるべしと思し召し候へ』と。まさに私はその気持ちでございます」。昭和天皇は、その言葉を聞くと、思わず涙ぐんだ。

その後、三上は昭和天皇が崩御するまで、国師を務めることになる。

偉人
78

田中角栄

ロッキード法廷と総理の涙

たなか かくえい、1918／5／4〜1993／12／16。政治家。衆議院議員（16期）、第64、65代内閣総理大臣。

コンピューターを備えた人間ブルドーザーといわれた田中角栄。戦後、最も人気のあった総理大臣である。その田中の晩年に大きな影を落とすことになったのがロッキード事件だ。1976年に逮捕・起訴されて以降、1993年に死去するまで角栄は「刑事被告人」だった。裁判では徹底抗戦を宣言し、最後まで無罪を主張した角栄。しかし、公判においてもその「人情家」ぶりは変わらなかった。

事件が発覚した1976年の7月、東京地検は総合商社丸紅の前専務、元会長らを逮捕。さらに同社の課長らが証拠隠滅容疑で逮捕された。

後にこの課長はロッキード裁判における証人として法廷に立った。そして逮捕時のことについて、こう語ったのである。

「その日（逮捕された日）は私の誕生日でした。子どもたちが私の誕生日を祝ってくれることになっていて、私の帰りを待ちわびておりました。しかし、突然逮捕されたことにより私は帰宅できず、当然ながらお祝いは中止となりました。

あの日はただ、何も知らない子どもたちに申し訳ないことをしてしまい、いたたまれぬ思いでおりました……」

その時、角栄の弁護を担当していた木村喜助弁護士は、角栄の「異変」に気づいた。後ろ姿からもはっきりわかるほど、元総理は泣いていた。角栄の突然の涙に傍聴者は驚き、法廷内は沈痛な空気に包まれた。

公判では、いつも闘志満々の「戦闘モード」だった角栄だが、自身の事件で、罪のない子どもたちに悲しい思いをさせてしまったことについては、慚愧《ざんき》に堪えない思いに至ったのであろう。

角栄には息子がいた。妻・はなとの間に生まれた長男・正法は、角栄の跡を継ぐべき存在だったが1947年、5歳の時に夭折《ようせつ》している。

小沢一郎や山東昭子ら、1942年生まれの政治家はみな、角栄と最初に話した時、こういう言葉をかけられている。

「君は昭和17年生まれなのか。息子と同い年だなあ……」

仕事でどんなに過酷な修羅場を迎えても、家族愛を人間の原点に置き続けた角栄にとって、子どもとは最大の宝であり、守るべき日本の共有財産だった。

丸紅の課長は自ら進んで証拠隠滅に関与したわけではなく、会社を守るために上層部から指示され、それに従ったに過ぎないことは誰の目にも明らかだった。

それだけに、角栄の脳裏には帰らぬ父を悲しげに待ち続ける子どもたちの姿が浮かび、頭から離れなかったのだろう。ロッキード事件で被告となった角栄は、少なくとも倒れるまでの約10年間、メディアから激しい批判を浴び続けた。そのバッシングの総量は、間違いなく歴代宰相の中でもトップであっただろう。しかし、角栄は特定のメディアを公式の場で批判したり、反論することはなかった。

木村弁護士は後に、角栄にこう聞いたことがある。

「事件について目にあまる名誉毀損報道がある。告訴しないのですか」

するど角栄は毅然とした様子でこう答えたという。

「私は元総理大臣ですから、日本国民を罪に落とすようなことはいたしません」

偉人 79

永田鉄山

惨殺された「陸軍の至宝」

ながた てつざん、1884／1／14〜1935／8／12。陸軍軍人。統制派の中心人物。

1935（昭和10）年8月12日午前9時45分、相沢三郎中佐は、軍務局長室に乗り込んだ。すぐさま軍刀を抜いて、そこにいる永田鉄山少将に斬りかかった。室内にいた東京憲兵隊長の新見英夫大佐が、とっさに永田をかばったが、右手を切られて跳ね飛ばされた。相沢は、そのまま永田に突進し斬りつけ、逃げようとした永田の背後から軍刀を突き刺した。永田はそのまま倒れ、絶命した。

相沢事件である。この事件で殺された永田は「陸軍の至宝」と呼ばれた。陸軍士官学校を首席で卒業し、統制派の中心人物だった。

統制派とは、欧州並みの国家総動員体制を確立し、工業分野を国の統制のもとに組み入れ、統制経済のもと国防体制をつくろうというものだ。一方、これに対立していたのが、皇道派である。彼らは、天皇親政のもとに国家改造を成し遂げ、社会主義国のソ連と対峙《たいじ》しようとしていた。より思想的に過激だったのが皇道派であった。

永田は、この皇道派の突出を防ごうとしていたが、それが皇道派の反発を招き相沢事件につながった。永田は戦争にはあくまで慎重だった。将来の戦争は全面戦争になりやすく、国の疲弊が激しくなることを予想していた。欧州の第一次世界大戦がそうであった。彼は外交工作で戦争を回避しようと努めていた。

実際、1935年8月に起きた「欒州事件《らんしゅう》」では、その戦線の拡大を防いでいる。欒州事件とは、中国の非戦闘区域で日本軍の守備隊が中国側から攻撃され負傷者が出ている。拡大すれば盧溝橋事件と同じようになっていたかもしれない。

永田は、日本を当時の基準でいうところのまっとうな国にしようとしていた。現場の突出や国民の感情に引きずられることなく、統制がとれた経済と国家体制、そして相手国との力関係を考えた外交を考えていた。

しかし、永田を失うことによって、日本はその道を歩むことができなくなった。翌年二・二六事件が起きる。そして、日本は戦争の道を進むことになる。

偉人 80

戦争を憎んだ監督

黒澤 明

くろさわ あきら、1910/3/23～1998/9/6。映画監督・脚本家・映画プロデューサー。

『七人の侍』『影武者』『乱』など世界的評価の高い作品を作り、巨匠の名にふさわしい映画監督だったのが黒澤明だ。黒澤は平和を愛し、戦争を憎んだ。黒澤の映画に『夢』という作品がある。その作品について、どうしてもうまく映像化されなかった夢のことを黒澤は話している。

「全世界が戦争を放棄して平和になる、武器が捨てられて山積みになっているのをニュースで主人公が見ている」シーンだという。黒澤はここまでして平和を描きたかったが挫折した。黒澤の孫の加藤隆之が文藝春秋（2024年8月号）で黒澤について語っている。

「太平洋戦争を経験した祖父が、凄惨《せいさん》な体験を私たちに語ることはありませんでした。ただ、戦争を忌み嫌い、『二度と起こしてはならない』と口を酸っぱくして言っていた」

黒澤は二度と戦争を体験してはいけないと思っていた。しかし、彼は兵役に入っていない。徴兵を担当する役人の幹部に父の知り合いがいて、兵役を回避したと黒澤本人は語っている。

これに対して疑問を呈しているのが大衆文化評論家を自任する指田文夫だ。彼は書く。「黒沢が徴兵されなかったのは、東宝の力だったと私は推理している。（中略）。当時、東宝の責任者であった森岩雄らが軍にお願いし、映画監督として期待されていた黒沢の徴兵を猶予して貰ったのだと私は考えている。多分、それはせっかく日活から引き抜き、将来を期待していた山中貞夫が、中国であっけなく死んでしまったことがあったのだと思う（中略）。

勿論、証拠はない。しかし、戦後の黒沢映画は、異様に『戦争と戦争での心の傷』に拘《こだわ》っている。戦後の黒沢映画は、すべて『戦争映画』である。

『静かなる決闘』の三船敏郎がそうだ。戦場での傷から梅毒になって苦しむ医師の話だが、何故こんなに戦争に拘るのか、私には理解できなかった。

黒沢が、何らかの力で戦争に行かなかったことを自らの責任のように思っていたとしたら、すべては容易に分かる。『七人の侍』の勘兵衛の『また、生き残ったな』という台詞《せりふ》も、戦争に行かず生き残った黒沢の苦渋である」

確かに、『影武者』にしろ、『乱』にしろ、戦いの映画である。戦前に撮った『姿三四郎』とは違う。

恵比寿から疎開した黒澤

黒澤は、戦中、結婚して恵比寿に住んでいた。しかし、空襲が近くまで迫り祖師谷に疎開している。その直後に恵比寿は激しい空襲に遭っている。黒澤は、戦争による悲惨な体験をしている。

また、彼は戦後直後にＧＨＱによって、戦中に撮影した『虎の尾を踏む男たち』を没収されている。これは１９５２年の独立まで公開できなかった。黒澤にとって、戦争には、さまざまな思いが重なっていたのだろう。徴兵されなかったこと、空襲のこと、ＧＨＱのこと、どれもこれも許されることではなかった。

偉人
81

植木 等

真面目だった「無責任男」

うえき ひとし、1927／2／25～2007／3／27。俳優、コメディアン、歌手。「ハナ肇とクレージーキャッツ」のメンバー。

「スーダラ節」、映画『無責任男』シリーズで誰もが笑ったコメディアンが植木等だ。しかし、その私生活は至って真面目だったという。

植木等は愛知県名古屋市に生まれる。父は大谷派名古屋別院で僧侶として修行中だった。

彼が生まれたのは1926年12月25日、大正天皇が崩御した日である。しかし、父が出生時にたまたま体調を崩していて、叔父に届け出を頼んだが、その叔父が届け出を忘れた。そのため、3カ月後に届けたが、元号は変わって、さらに昭和2年になっていた。

昭和元年が12月25日から31日までだったのが災いした。しかし、植木等は大正生まれより昭和生まれのほうが若く見えていいと気にしなかった。

1939年、彼は僧侶となるべく、東京・駒込の真浄寺に小僧として上京。その後、大学に入学すると、バンドボーイのアルバイトを始めた。この頃から、芸能界に足を踏み入れるようになる。そして、1955年にバンドを組んだメンバーと「ハナ肇とクレージーキャッツ」を結成し一躍スター街道を歩むことになる。

しかし、その私生活は、舞台やテレビで見るのとは全く違っていた。もともとがお坊さんなので、酒も飲まないし、外で遊びもしない。スキャンダルもなかった。人の悪口も仕事の愚痴もほとんどしたことがない。贅沢《ぜいたく》もしなければ、私利私欲もない。

植木の息子で比呂公一はこんなエピソードを披露している。

「映画『ホラ吹き太閤記』の主題歌では『ぜにのないやつぁ俺んとこへこい』って唄ってましたが、それを真《ま》に受けた人が『金がないから来ました』と自宅を訪ねてきたことがあります。その時も父は追い返すわけではなく、『どこから来たの？　これ、帰りに電車賃。温かいものでも食べて帰りなさい』とお金を渡していました」。植木は、どこまでも無欲な人だった。

偉人
82

棟方志功

弱視だった版画の大家

むなかた しこう、1903／9／5〜1975／9／13。板画家。最晩年には約半年間、棟方志昂と改名。

世界的にも知られる木の特性を生かした木版画、「板画」で知られる棟方志功。板画とは木版画のことであるが、彼は板の持つ性質を大事に扱うため、あえて「板画」と呼んだ。棟方は幼少の頃に極度の近視となった。彼の生まれは青森県青森市、豪雪地帯だった。家には囲炉裏があったが、その煤《すす》で目を傷めた。

それでも、彼は、物を見ることが好きだった。彼の父親の仕事は刀鍛冶職人だった。子どもの頃は、家業を手伝う傍ら、善知鳥《うとう》神社の祭りの灯籠の牡丹絵や凧の絵に惹《ひ》かれ、自然と絵心も育まれていったという。

1915（大正4）年、棟方は学校裏に不時着した飛行機を見に走っていると田んぼの小川で転び、目の前に沢瀉《オモダカ》という白い花を見つけた。一目見て、その美しさに感動。「この美しさを表現できる人になりたい」と子ども心に絵描きになることを志すようになる。

１９２１年、棟方はゴッホと出会う。青森市在住の洋画家から雑誌『白樺』に掲載されたゴッホの「ひまわり」の原色版を見せられたのだ。

彼はあまりにも感銘を受けて、思わず「わだばゴッホになる」と叫んでしまった。このひまわりで強く絵のことを意識するようになった棟方は上京する。そして、靴直しの注文取りや納豆売りをして絵の勉強を続け、上京4年目で帝展に油絵で見事入選を果たした。

しかし、棟方は、油絵のあり方に疑問を持つようになる。西洋が源流の油絵を日本人がいくらやっても本場を超えることは不可能ではないか、そう考えるようになった。さらに、極度の弱視の自分は、遠近感がうまくつかめないから、油絵に向かないのではないかと思い始めたのだ。

そして見つけたのが木版画だった。平面的表現なら目の悪い自分でも描ける。さらに木版画は日本古来のものだ。棟方は決意した。木版画をやろう。棟方が世界の板画家になる出発点だった。目の弱点を逆に利点に変えた逆転の発想だった。

偉人
83

織田幹雄

三段跳びで日本人初の金メダル

おだ みきお、1905／3／30～1998／12／2。陸上選手、指導者。アムステルダム五輪三段跳び金メダリスト。

織田幹雄はアムステルダム五輪で三段跳びに出場し15m21の記録で金メダルを獲得した。日本人初の三段跳びでの金メダルだった。彼は広島県に生まれた。性格は温厚だったが人一倍負けず嫌いだった。尋常小学校では安芸郡の体育大会に出場し200mで優勝している。もともと、織田は身体能力が高かった。

1920年、織田は、アントワープオリンピックの陸上の十種競技に出場した野口源三郎の指導を受ける。彼は野口の目の前で、走り高跳びを跳んだ。すると、自分の身長を2㎝超える157㎝のバーをクリアしたのだ。これを見た野口は織田に陸上競技を進める。それと同時に、5日間にわたって指導をしている。その時の指導を織田はノートにびっしりまとめた。織田の陸上に対する研究熱心さは度を超えているほどだった。その熱心さが金メダルを生んだともいえる。織田の身体能力は高かったが、決して体は恵まれているほうではなかった。オリンピックの金メダルを取った時でも身長は１６７㎝、体重は60㎏前後だった。

その分を陸上の研究と練習で埋めた。大会当日が雨の場合はどうするかと想定し、天候の悪い日に練習する。寝不足だったらどうするかと、あえて寝ずに大会に出場する。さらに、織田は毎日日記をつけた。陸上競技に関すること、自分の競技についての研究や練習のこと、国内外での競技会の記録などを細かく書き綴《つづ》った。

そして、世界と戦って敗れると、海外から頻繁に資料を取り寄せ、陸上の潮流を把握し、技術向上を図る。しかし、それだけでは、外国人選手に追いつけても勝つことはできない。織田は、効率的な跳躍を研究する。そして、今までの記録を集約すると、３度のジャンプの比率が、６：４：５の時に距離が一番伸びることがわかった。苦心の末、「織田ジャンプ」が完成した。それが金メダルにつながった。織田は金メダルを取った後、こう振り返っている。「自分がそこまでやれたのは、やはり努力だった。人は主体性を持った努力・工夫が大事だ。それは人それぞれなりにやればできる」と。努力こそが勝利の鍵だった。

偉人
84

山下太郎
アラビア太郎といわれた男

やました たろう、1889/4/24～1967/6/9。実業家。その業績から「満州太郎」「アラビア太郎」などと呼ばれた。

アラビア石油を設立した実業家の山下太郎は、「満州太郎」「アラビア太郎」のほかに「山師太郎」と呼ばれた。まさしく山下の人生はヤマ師のごとく上下した。始まりは1914（大正3）年の山元オブラート株式会社の設立だった。ここではキャラメルの包装でかなりもうけるが、海外貿易に興味が移り、権利をすべて売ってしまう。第一次世界大戦が始まると、硫酸アンモニウムがドイツから手に入らなくなったため、アメリカから調達すると巨利を得た。山下はその金を元手に商社の山下商店をつくる。そして穀物や鉄鋼の貿易で、わずか28歳にして数百万円の財をつくった。

しかし、いつまでも成功は続かない。1918年、米価が暴騰し米騒動が起こっているさなかに上海から江蘇米《こうそまい》を仕入れるが、それが密輸だとされ、ストップされる。さらに、南満州鉄道の消費組合と5万石の米の契約を結ぶが、一方的に契約を破棄され、大損害を被ってしまう。

だが、それも満鉄が新体制になることによってガラッと状況が変わった。旧知の松岡洋介や永野護が着任したことで、再度取引が復活した。満鉄の消費組合との損害の代償として社宅建設管理契約を結ぶ。その戸数は2万戸だった。彼の事業は急拡大した。しかし、これも敗戦によって、在外資産はすべて没収された。

戦後、山下は石油に目をつける。時代は石炭から石油に替わっていた。しかし、日本の石油のほとんどは米国のメジャーから輸入していた。もし、輸入がストップすれば日本経済は麻痺《まひ》する。山下は日本独自の石油開発に乗り出すべきだと考えた。

計画は政府通産省も巻き込みながら、ひそかに進められた。計画が漏れればメジャーに妨害される。そして何とか、サウジアラビアとクウェートから採掘権を得て、アラビア石油を設立。1960年1月、最初のボーリングで大規模油田を掘り当てたのだ。「ヤマ師太郎」が「アラビア太郎」に変わった瞬間だった。

偉人
85

失敗ばかりの人生
水木しげる

みずき しげる、1922／3／8〜2015／11／30。漫画家、妖怪研究家。代表作は『ゲゲゲの鬼太郎』。

水木しげるは、1922（大正11）年、鳥取県境港市で生まれた。『ゲゲゲの鬼太郎』の大ヒットで知られる。水木の実家に出入りしていた拝み屋でもあった景山ふさ（のんのんばあ）から聞いた妖怪や伝承話の数々が、のちの『ゲゲゲの鬼太郎』を生み出す原点になった。

ちなみに、拝み屋とは、病気や悩みやお願いを神仏に祈る祈禱《きとう》師のことである。彼は、拝み屋の、のんのんばあから死後の話を聞かされ、死んだらどうなるかどうしても気になって頭から離れなくなった。そこで弟を殺してみようと思った。

5歳の頃、3歳の弟を、流れが速く底が深い船着き場まで連れていくと、突き落とそうとした。しかし、すんでのところで弟が踏みとどまり、その後は取っ組み合いの喧嘩《けんか》。通りがかりの人に止められた。自宅に帰ると、一緒に住んでいた祖父の妹のねーこにこっぴどく叱られ、本当にお灸《きゅう》をすえられた。水木はわあわあ泣いて謝った。ここから始まる彼の前半生は失敗の連続だった。

水木は尋常小学校を卒業すると、大阪府立園芸高校を受験する。絵の才能に目覚めた水木だったが、東京美術学校に入るためには高校を卒業しないといけない。定員50人に51人しか受験しない園芸高校なら合格できると水木は思った。

しかし、校長面接で将来の希望を聞かれ「画家」と答えてしまった。園芸高校にその答えはまずかった。水木はたったひとり不合格。ここでも失敗した。

水木は21歳の時に召集令状を受ける。赴任地はニューブリテン島のラバウルだった。水木は赴任地の希望を聞かれ、暖かそうだから「南」と答えた結果だった。だから、どこに着いたかわからない。島に着くと早々上官に、「ここはどこでありますか?」と聞いた。その答えは往復ビンタだった。またもや失敗した。

ラバウルでは鉄拳制裁が当たり前だった。水木は「ビンタの王様」と呼ばれた。周りには茨城出身者が多く、強い訛《なま》りが水木には聞き取りにくかった。聞き返すたびにビンタが飛んだ。さらに、彼のマイペースな動きが上官の癪《しゃく》に障り、それもビンタの原因になった。

死の淵をさまよった軍隊生活

その後は壮絶な体験を水木は味わう。歩哨に立っている時、敵に襲われた。彼は間一髪助かるが、他の寝ていた9人は銃撃され死亡。慌てて海に飛び込んだ水木はそのまま、原住民ゲリラのいるところに入ってしまい、銃とふんどし一丁でなんとか逃げることができた。

しかし、部隊に戻ると上官に「何で死ななかった」と激怒され、水木はいつにもなくふさぎ込んでしまった。その後、敵機の襲撃で左腕に重傷を負い、治療が間に合わず、仕方なく切断することになった。

そして、水木は日本に戻ってくる。日本に戻ると最初の仕事は魚屋だった。しかし、画家になる夢は諦めてなかった。輪タク、アパートの経営を経て29歳で紙芝居を始める。やっと絵の仕事に就くことができた。そして、漫画人生がスタートするのだ。

偉人 86

父と母
淀川長治

よどがわ ながはる、1909/4/10〜1998/11/11。雑誌編集者、映画解説者、映画評論家。

「サヨナラ、サヨナラ、サヨナラ」の言葉で知られる淀川長治。その博識な映画の解説を見たくて、『日曜洋画劇場』を楽しみにしていた人は、多くいたに違いない。淀川が生まれる時に、母親が産気づいたのも映画館だった。生まれた時から映画と結びつきがあった。

淀川の実家は神戸にある料亭と置き屋をやっていた。彼は母屋に住んでいたが、2階は芸者さんたちの住まいだった。淀川は、親から2階には行ったらいけないと言われていたが、芸者さんたちの部屋に行くと、お饅頭《まんじゅう》とかみかんがもらえたので、度々遊びに行った。そこでは、芸者さんたちが素っ裸になって化粧をしたり、白粉《おしろい》をつけたりしていた。

そんな生々しい場所で暮らしていたから、淀川は自然と映画の世界にハマっていった。映画を見始めたのは4歳の頃から、両親に連れられて毎週9本もの映画を見ていた。8歳頃になると堂々とひとりで映画館に入れるようになっていた。

淀川の母親は後妻であった。ただし、前妻は後妻の母親の姉だった。母親の姉は胸を患って、子どもが産めない体だった。そのため、後妻に自分の妹の娘をもらったのだ。そのため、後妻が嫁いできた時には、まだ前妻がいた。後妻と前妻が同居する家だった。前妻は淀川が生まれると、その3日後に亡くなった。

後妻が嫁いだのは16歳、旦那は46歳だった。30歳も離れている夫婦だった。淀川はそれを見て、母親が父親に襲われていると思った。父親が憎くて、憎くて仕方なかった。

ある時、淀川は親子三人で有馬温泉に行ったことがある。その時、父親が母親のために文箱を注文して帰った。十日ほどして届いた箱には、柳で遊ぶ蛙《かえる》の絵が描いてあった。柳は「りゅう」で母親の名前だった。蛙は父親。母親に甘える父親の姿だった。それを見た瞬間、父親が母親を愛していることを淀川が悟った。父親は憎かったが、心が洗われた気がしたという。

偉人
87

三島由紀夫
天皇と一言言えば共闘できる

みしま ゆきお、1925／1／14〜1970／11／25。小説家、劇作家、随筆家、評論家、政治活動家。

作家、三島由紀夫は1969（昭和44）年5月13日、東大全共闘との討論会に出席した。場所は東京大学内の900番教室であった。三島が登場するとあって教室は超満員であった。三島はその壇上にひとりで立った。その時、三島の話した言葉の一部が以下のものである。

「これは真面目に言うんだけれども、たとえば安田講堂で全学連の諸君が立てこもった時に、天皇という言葉を一言彼らが言えば、私は喜んで一緒に閉じこもったであろうし、喜んで一緒にやったと思う。（笑）これは私はふざけて言っているんじゃない。常々言っていることである。なぜなら、終戦前の昭和初年における天皇親政というものと、現在いわれている直接民主主義というものには、ほとんど政治概念上の区別がないのです。これは非常に空疎な政治概念だが、その中には一つの共通要素がある。その共通要素は何かというと、国民の意思が、中間的な権力構造の媒介物を経ないで国家意思と直結するということを夢見ている」

この時、三島は何を考えていたのだろうか。三島はその1年半後に自衛隊市ケ谷駐屯地で楯の会の森田必勝とともに切腹自殺を遂げている。彼が求めていたものは直接的な政治行動なのだろう。直接的な政治行動という意味においては、全共闘も楯の会も、天皇親政を目指し二・二六事件を起こした皇道派も同じだった。

違いは天皇である。全共闘のメンバーは戦後生まれの世代である。彼らにとって天皇は人間でしかなかった。あえて、言葉に出すべき存在でもない。

しかし、三島の世代は違った。天皇はすぐそばにいた。家でも学校でも、どこにでも天皇の御影はあった。そして、人々の言葉の端々に天皇は語られた。

三島は討論会の最後に言った。「あれだけ大勢の人間がたとえ悪口にしろ、天皇なんて口から言ったはずがない。言葉は言葉を呼んで、翼をもってこの部屋の中を飛び回ったんです」。三島はそれだけでよかった。まず天皇を意識してくれれば、それだけで、何かが変わるはず。そう信じて三島は東大をあとにした。

偉人 88

石原裕次郎

人の悪口は絶対言わない

いしはら ゆうじろう、1934／12／28〜1987／7／17。俳優、歌手。兄は政治家の石原慎太郎。

昭和の大スターだった石原裕次郎。彼にはさまざまな名言が残っている。一番有名な名言は彼のポリシーだった以下の言葉だろう。

「人の悪口は絶対に口にするな。人にしてあげたことはすぐ忘れろ。人にしてもらったことは生涯忘れるな」

確かに、石原裕次郎は人の悪口が嫌いだった。彼が率いた石原軍団の中でも、誰かが悪口を言っていると、軽く諭した。石原プロ出身の映画プロデューサー・増田久雄はこう語る。

「裕次郎さんは決して人の悪口を言わなかった。誰かの悪口が出たら『でも、あいつには、こういういいところもあるよ』と言う方でした」

同じく、石原プロであった舘ひろしもこう述べている。

「裕次郎さんは文字通り〝太陽〟みたいな人で、他人の悪口は絶対に言わない。誰かが陰口を叩くと、『おい、その話やめようや』と言う。豪快な面ばかりがクローズアップされますが、社員はもちろん、誰のことも思いやる繊細な心を持ち合わせていました」

石原は、困っている人を見ると黙っていられないタイプだった。そして、ほとんど怒ることもなかった。大きな失敗をしても、失敗した人のところへ行って、「ばかだね、おまえは」と言って、そのまま通り過ぎていってしまうような怒り方だった。

だから誰もが石原を尊敬し愛した。彼に接した人はみな、〝本当に太陽のような人〟だったと語る。石原は1987年7月17日に亡くなっているが、墓碑には、夫人（北原三枝）の直筆で、こんな言葉が刻まれている。

「美しき者に微笑を　淋しき者に優しさを　逞《たくま》しき者に更に力を　全ての友に思い出を　愛する者に永遠を　心の夢醒める事無く」

どこまでも優しい人だった。

偉人
89

長嶋茂雄

最後のユニホーム姿

ながしま しげお、1936／2／20。元プロ野球選手・監督。読売ジャイアンツ終身名誉監督。

ミスタージャイアンツといわれた長嶋茂雄。彼が監督として最後のユニホーム姿を見せたのが、アテネ五輪の予選を兼ねたアジア野球選手権だった。1975（昭和50）年に監督を初めて務めてから30年近くが経っていた。

このチームに懸ける日本の野球界の期待は想像以上であった。アテネ五輪の前のシドニー五輪では野球で初めてメダルなしで終わった。そのため、アテネに向かっては初めてプロ野球選手を入れてチームを編成した。そんな「ドリームチーム」ゆえに、オリンピックに出場するのが絶対条件だった。

長嶋は、監督として初めてプレッシャーを感じた。今まで一度も感じたことのない感覚であった。「JAPAN」の文字の重圧の意味が初めてわかった。

初戦の中国戦は13－1の大勝だった。2戦目はエース松坂大輔を立てた。この台湾戦も9－0の大勝。最後の韓国戦にはプロ1年目の和田毅をあてた。

和田は、回転数が多いため表示球速以上の速さとキレを感じる。そのため初対戦の打者だと、なかなか対応ができない。そう考えた長嶋は和田を大抜擢《ばってき》した。しかし、目が慣れてくる3打席以降はリリーフの黒田博樹につなぐ。そして早めの継投で最少失点に防ぐ戦略だった。万全の策だったが、長嶋にはプレッシャーの重圧が襲っていた。その時にコーチだった中畑清は回想する。

「声をカラカラにしていました。ユニホームを着替えながらオレに言った一言が『えぇキヨシ、これがプレッシャーなんだなぁ』。初めてですよ、そんな言葉。それまではいつも『プレッシャー？　んんー？　楽しめよ』って言う人が。予選を終わったあとの、精も根も尽き果てた長嶋さんを見たのは初めてです」

日本チームは韓国に2－0で勝利した。しかし、長嶋は極度の緊張にさいなまれていた。大会後、長嶋は都内の病院へ極秘入院。発熱と過労が原因だった。そして、これが長嶋にとって、監督最後のユニホーム姿になった。翌年3月に脳梗塞を発症。アテネ行きはかなわなかった。

偉人 90

高倉 健

国民的大スターへの転機

たかくら けん、1931／2／16〜2014／11／10。俳優。本名は小田剛一（おだ たけいち）。

「このまま東映にいたら、ヤクザしかできなくなってしまう」

1964（昭和39）年、高倉健は『日本侠客伝』で主役を務めると、『日本侠客伝』シリーズ、『網走番外地』シリーズ、『昭和残侠伝』シリーズなどに出演し、東映の看板スターになった。無口で禁欲的で任侠道を貫く男を彼は演じ続けた。

しかし、高倉はより幅広くさまざまな役を演じたいと考えていた。焦りもあった。1970年、彼は東映社長の大川博と「やくざ映画にも出るが、好きな映画を作る自由も認めてほしい」と直談判をし承諾をもらう。しかし、翌年、その大川が亡くなると、次の社長、岡田茂は、特例は認められないと、大川との約束はないものとされてしまった。

1975年、東映は『新幹線大爆破』の映画を製作する。高倉はこの映画で犯人役を演じる。これは、今までにはない高倉の役柄だった。しかし、これを最後に高倉は東映を飛び出し、本数契約のフリーになる。

彼は不安であった。このまま、どこからも声をかけてもらえなければ、役者稼業は続けられない。今までの東映という看板はなくなった。引退覚悟のフリーへの転向だった。

そんな高倉の不安をよそに、映画界は高倉をほっときはしなかった。1976年、高倉は『君よ憤怒の河を渉れ』（大映）、そして77年に『八甲田山』（東宝）、『幸福の黄色いハンカチ』（松竹）と立て続けに主演をはることになる。そして、『八甲田山』は空前の大ヒットを飛ばし、『幸福の黄色いハンカチ』では、第1回日本アカデミー賞最優秀主演男優賞を獲得したのだ。

これらの映画をきっかけに高倉は、一気にファン層を広げることに成功し、演じる役の幅も広がった。しかし、それでも高倉は不満だったかもしれない。元プライベートマネジャーだったＴａｋ阿部は高倉のこんな声を聞いている。「本当は喜劇に出たいんだけどな……」と。彼は寂しげに語ったという。

偉人91

「マンガの神様」の思い

手塚治虫

てづか おさむ、1928／11／3～1989／2／9。漫画家。戦後日本のストーリー漫画の第一人者。

『鉄腕アトム』『ジャングル大帝』『リボンの騎士』『火の鳥』など、数々のヒット作を作った漫画家、手塚治虫。彼は生涯で15万枚の原稿を描いたという。描いた作品は700タイトルにも及ぶ。まさに「漫画の神様」であった。

手塚にはいくつかの未完成作品がある。『ネオ・ファウスト』や『グリンゴ』など十数点あるが、そのうち最も有名なのは冒頭にも挙げた『火の鳥』だろう。ただ、その未完の意味は違っていた。彼は『火の鳥』を30年以上もかけて描き続けた。彼はその漫画『火の鳥』の構成について、こう話している。

「第一部の黎明編の次は未来編となります。私は、新しい試みとして、一本の長い物語を初めからと終わりから描き始めるという冒険をしてみたかったのです。そして、その次の話は、またもや古代に移って黎明編のあとの時代の話となります。こうして交互に描いていきながら、最後には未来と過去の結ぶ点、つまり現在を描くことで終わるのです」

『火の鳥』はハードカバーが全12巻にわたっている。現在『太陽編』が最後になっている。彼はこの『火の鳥』で人間の生命という根本を問うた。その象徴として火の鳥を登場させ、全編を貫く狂言まわしの役を担わせている。

手塚にとって、漫画とは単に面白ければいいものではなかった。彼の描いた漫画には、すべて社会に対する鋭い目と告発があった。それがない漫画は意味がないと考えていた。彼はインタビューに答えて、このように話している。

「漫画のいちばん主体になるものは風刺の精神と同時に告発の精神です」

『火の鳥』も人間の生に対する鋭い風刺と告発に成り立っていた。『火の鳥』が未完といわれるのは、手塚が生きている限り生に対する追求が終わらないからだ。誰でも死なない限り生は終わらない。だから永遠に未完なのだ。手塚が最後まで漫画を描き続けようとした。彼の最後の言葉は「頼むから仕事をさせてくれ」だった。まだまだ描き続けようとした。その魂は永遠に未完なのかもしれない。

偉人 92

ユダヤの商法

藤田田

ふじた でん、1926／3／13～2004／4／21。実業家。「日本マクドナルド」「日本トイザらス」などの創業者。

藤田田は実業家として一躍有名にしたのは「日本マクドナルド」を1971（昭和46）年に創業したことだろう。日本人にハンバーガーを身近にした。

その藤田は、自らのことを「銀座のユダヤ人」と称した。こんなエピソードが伝わる。1968年、藤田はアメリカンオイル（著書では「ユダヤ人の会社」と表現されている）から、ナイフとフォークを2回にわたって注文を受ける。

1回目は300万本の大注文、納期は9月1日、納品場所はシカゴだった。藤田は岐阜県関市の業者にナイフとフォークの製造を発注する。それは関市が〝関の孫六〟で知られる名刀の生産地だからだ。

関の業者も自信満々で注文を引き受けた。時間は十分あり、8月1日には出来上がるだろうと考えていた。8月1日であれば船便で十分間に合う。

しかし、田植えの時期と重なったこともあり、期限内に商品が出来上がらなかった。出来上がったのは、8月27日、それでは船舶では間に合わない。

そこで、彼は飛行機をチャーターした。しかし、ナイフとフォーク300万本の代金ではとても採算が合わない。しかし納期を守ることを優先した。

当時の金額で3万ドル、日本円で1000万円の費用をかけてボーイング707をチャーターし、納期内に納品した。

これが評価されて、翌年、今度はアメリカンオイルからナイフとフォーク600万本の注文を受けた。ところが今回も関の業者に注文するが、前回同様、生産が間に合わない。結局、飛行機を再びチャーターすることになる。

藤田は、この2回もの飛行機のチャーターで大損したが、ユダヤ人からは信頼を得ることにつながる。「約束を守る日本人」として、彼の情報が、世界中のユダヤ人に伝わった。それ以来、彼はユダヤ人から「銀座のユダヤ人」と呼ばれるようになる。そして自らもそれを名乗った。約束を守ることの大切さを教えるエピソードだ。

偉人 93

橋田壽賀子

描きたかった明治の女性

はしだ すがこ、1925/5/10〜2021/4/4。脚本家、劇作家、タレント。

橋田壽賀子は昭和を代表するテレビドラマの脚本家である。彼女は最初、松竹で脚本の仕事を始める。1949(昭和24)年、松竹大船撮影所脚本養成所の研究生募集に応募した。1000名を超す応募者の中から採用されたのは6人、女性としては彼女ひとりだった。松竹で脚本家を始めた橋田だったが、その職場は、あまりに封建的で、男尊女卑的な風土だった。彼女は嫌気が差した。当時の映画は監督が神様、脚本家はその意向に沿って文字を書くだけの存在だった。

橋田は脚本をNHKに持ち込む。その時、彼女は脚本に穴をあけ赤いリボンで留めて提出した。それで自らをアピールしようと考えた。それがうまくいった。その後、彼女は「赤いリボンのハシダスガコ」と呼ばれるようになる。

売り込みを始めて2年。脚本が採用された。なおかつ、放送されたドラマは、何一つ彼女の書いた脚本とは違っていなかった。彼女は感動した。映画の脚本はどんどん監督に書き換えられる。雲泥の差だった。橋田はテレビで仕事をすることに決めた。そして、史上最高の名作が生まれる。『おしん』である。

彼女は最初、その企画を持ち込んだ時、「明治ものは、あたらない」と反対された。しかし、彼女は諦めなかった。明治時代の女性の苦労を伝えるのは、自らの使命だと彼女は思った。彼女には視聴者から送られた一通の手紙が頭にあった。そこには明治の女性の苦労が描かれていた。橋田は語る。

「ある明治生まれの女性が、人に言えない過去を病床で綴《つづ》ったものでした。子守り奉公をしたり、〝女郎屋〟に売られたりね」

橋田は何とかNHKを口説き落とした。橋田は『おしん』についてこんなエピソードも語っている。おしんの誕生年が昭和天皇と同じことについてだった。

「私は昭和天皇にご覧いただきたくて、このドラマを書いたような気がする。だから、おしんの生まれを陛下と同じ明治34年にしたの」。おしんの跡取りとなる次男の名前は「仁《ひとし》」で妻の名前は道子《みちこ》である。

偉人 94

アリとの世紀の一戦

アントニオ猪木

あんとにお いのき、1943/2/20~2022/10/1。プロレスラー、実業家、政治家。

アントニオ猪木はプロレスラーを皮切りに実業家、国会議員を務め、さまざまなエピソードを残している。その中で、誰もが強烈に覚えていることがある。それが1976(昭和51)年6月26日に行われたモハメド・アリとの異種格闘技戦だ。

その試合を見ていた多くの観客やテレビの前の視聴者は、始まった瞬間、これこそが異種格闘技戦だと思った。猪木が、リングのマットにあおむけになって、その両足をアリに向けたのだ。そして寝ながらキックを繰り出す。

アリは、その足をよけながら、パンチを当てようとするが、寝ている猪木には当たらない。世紀の凡戦の始まりだった。

見ている者たちはすべて思っていた。何かが起こるはずだと。きっと猪木が何かをやるはずだと。固唾《かたず》をのんで最終回まで見ていた。

確かに少しは動きがあった。しかし、何も起こらなかった。猪木はマットにあおむけになってキックを繰り返すだけ。アリはそれをよけるだけ。何で、こんな試合になってしまったのだろうか。

さまざまな証言があるが、結局のところ、異種格闘技戦を真剣勝負でしたかった猪木とブックメイキングありの試合をしたかったアリ側との妥協の産物が生みだした結果だった。

アリ側としては、猪木のキックやパンチや技を決められても、最後はパンチでKOという筋書きを望んでいた。

何せアリは世界ヘビー級の王者だ。しかし、猪木は筋書きナシの試合がしたかった。そのため、アリ側の筋書き以外のすべての条件をのんだ。試合で禁止されたのは、頭突き、ヒジ打ち、膝蹴り、頸椎や喉への打撃、スタンドでの蹴り（ただし膝をついたり、しゃがんでいる状態の時の足払いは許される）、さらには「3分15ラウンド、ロープに触れた相手への攻撃は禁止」だった。

面白くなるわけがない。これによって、史上最高の凡戦が生まれたのだ。

偉人 95

湯川秀樹

ノーベル賞受賞に隠された苦闘

ゆかわ ひでき、1907／1／23〜1981／9／8。物理学者（理論物理学）。日本初のノーベル賞受賞者。

1949（昭和24）年、日本で初めてノーベル賞を受賞したのが湯川秀樹である。賞は物理学賞であった。そして、その内容は「中間子」である。

中間子とは陽子と中性子を結び付けている素粒子で、陽子と中性子の間をキャッチボールするように行き来している。なおかつ、この質量は電子の200倍ほどの重さがあるものだ。この中間子が見つかる前、物理学者の前に難問が控えていた。その難問とは陽子の問題であった。陽子は電気的にプラスで、中性子は中性である。本来なら、プラスの陽子同士は反発し合い、原子核はバラバラになるはず。しかし、実際はそんなことは起きず、原子核はまとまっている。なぜか、この難問に誰も答えることができなかった。

この難問の解明に挑んだのが湯川だった。そして発見したのが中間子である。

中間子が接着剤の役目をしているのだ。だが最初、この理論は、誰にも理解してもらえなかった。あまりに大胆な発想で、難解だったからだ。

１９３５（昭和10）年2月、湯川は「中間子論第一報」を日本数学物理学会が発行する英文の学術雑誌に発表した。続いて4月、日本数学物理学会で「素粒子の相互作用について」を講演し、まだ存在が確認されていない「中間子」と名付けた素粒子の存在を予言した。ちなみに、なぜ中間子というのだろうか。それは中間子が、電子と陽子や中性子との中間の重さがあるからだ。

だが、この理論は学界から全く相手にされなかった。論文をイギリスの権威ある総合科学雑誌『ネイチャー』に投稿するが、掲載を断られている。

しかし、１９３７年、アメリカの物理学者たちが、湯川が予言した中間子に似た新粒子を宇宙線の中から発見したと発表したのだ。これによって、湯川の中間子が脚光を浴びる。さらに、戦後の１９４７年、イギリスの物理学者がとうとう実際に中間子を発見した。これによって、湯川の理論が正しいことが証明されたのだ。理論の発表から12年が経っていた。

偉人 96

黒田寛一

ハンガリー革命が導いた反スタ

くろだ かんいち、1927／10／20〜2006／6／26。革マル派の最高指導者。「反帝国主義・反スターリン主義」を提唱。

1970年代に起きた過激派同士の内ゲバ、その一方の過激派が革マルである。その指導者が日本革命的共産主義者同盟革命的マルクス主義派（略称・革マル）の議長、黒田寛一であった。1970年代の新左翼運動や労働運動の左翼化に多大な影響を与えた人物である。

戦後の日本の思想界に大きな影響を与えていたのがソ連のスターリンによる共産主義であった。多くの思想家たちが盲目的にソ連のスターリンを信じていた。その盲目的信者たちに衝撃的なショックを与えたのが、1956年のソ連共産党大会でのフルシチョフによるスターリン批判だった。フルシチョフはスターリンの後継者であった、その人物がスターリンを批判したのだ。

多くのマルクス主義者やソ連を信奉していた人たちは、思想的に大混乱に陥った。黒田もそのひとりである。さらに、追い打ちをかけるように10月にハンガリー動乱が起こった。自由と民主主義を求めるハンガリーの人民がソ連に対して反旗を翻したのだ。スターリン時代は強烈な独裁が行われており、少しでも批判めいたことを言えば、牢屋にぶち込まれた。

しかし、フルシチョフのスターリン批判で、ハンガリーの人民は自由と民主主義を取り戻せると錯覚した。そして全国的にデモを組織し蜂起した。だが、その運動も、結局、フルシチョフの派遣した軍隊によって弾圧され、虐殺された。

この事件を黒田は革命と捉えた。そして、ソ連がマルクスの目指した共産主義ではなく、単なる独裁国家になっていることを見抜いた。これが、反スターリニズムの原点になった。彼は盲目であった。子どもの頃の病気で視力を失った。しかし、彼の周りには、反スターリニズムに影響を受けた人々が集まった。それが、革マルの前身であった。だが、その革マルも内ゲバを契機に尻すぼみになっていく。そして黒田寛一は2006年に亡くなった。今の革マルはどこへ行こうとしているのだろうか。ハンガリーで弾圧された人々の声は届いているのだろうか。

偉人 97

池田大作

戦争と平和

いけだ だいさく、1928／1／2～2023／11／15。宗教家、作家。創価学会名誉会長。

2023年11月15日、戦後最大の宗教家だったひとりの巨星が消えた。池田大作である。創価学会会長として学会内だけでなく、多くの人々に影響力を与えた。功罪が語られる人物であるが、その平和への思いだけは確かだっただろう。

彼は、1957（昭和52）年9月8日に創価学会青年部による横浜・三ツ沢競技場での体育大会に出席していた。その時、2代目創価学会会長の戸田城聖の挨《あい》拶《さつ》を聞いている。戸田は、こう切り出した。

「諸君らに今後、遺訓すべき第一のものを、本日は発表いたします。たとえ、ある国が原子爆弾を用いて世界を征服しようとも、その民族、それを使用したものは悪魔であり、魔物であるという思想を全世界に広めることこそ、全日本青年男女の使命であると信ずるものであります」

戸田は、この約7カ月後の1958年4月に急性心不全で亡くなっている。

池田は戸田の言葉を深く受け止めた。原爆を絶対に使用させてはいけない。原爆のない世界をつくらなければならない。池田は死ぬまで一片の鏡を大事にしていた。穴が開き、ほとんど何も映すことのできない小さな鏡。この鏡は何かの拍子で母親の嫁入り道具の鏡が割れたものだった。その時、ちょうど一緒にいた兄と鏡を分け合った。その兄は、鏡の一片を形見代わりに持って戦場へ行った。

戦後2年が経った。兄は帰ってこなかった。一通の戦死公報が届いただけだった。彼の母親はそれを受け取ると、背中を小刻みに震わせていた。池田は、兄と分け合った鏡を取り出しながら、戦争への怒りがこみ上げたという。

1960年、池田は戸田の後を継いで創価学会3代目の会長を引き受けた。その後、彼は世界中を訪問する。もちろん、創価学会の拡大のための広宣流布であったが、もう一つの大きな狙いは平和だった。1963年10月、池田は、芸術・文化の交流が真実の世界平和の基盤となると提唱し、民主音楽協会（民音）を設立した。彼らの歌は世界に届いているのだろうか。

偉人
98

大鵬

ウクライナとの血のつながり

たいほう、1940／5／29〜2013／1／19。二所ノ関部屋に所属した大相撲力士。第48代横綱。優勝32回。

「巨人、大鵬、卵焼き」とうたわれた大相撲力士が大鵬幸喜だ。彼の父親はウクライナ人の元コッサク騎兵の将校、マルキャン・ボリシコだった。ロシア革命後に亡命した白系ロシア人であった。母親は納谷キヨ、日本人である。

大鵬は南樺太の敷香町《しすかちょう》に生まれた。1945年、アメリカによる原爆投下のあと、ソ連軍が南樺太に進出してきた。大鵬は母親とともに北海道へ向かった。

その時、父親と大鵬たちはバラバラに暮らしていた。そのため、北海道に渡った大鵬と母親は、父親と別れ離れになってしまった。

北海道に渡るため、大鵬と母キヨは小笠原丸に乗った。途中、母親の具合が悪くなったため、二人は稚内で下船している。その直後である、留萌沖でソ連の潜水艦による魚雷を受けて小笠原丸は沈没した。下船していた二人は辛くも助かった。

しかし、北海道での二人は母子家庭だったため非常に貧しく、大鵬は納豆を売り歩いて、生計を助けていた。大鵬は中学校を卒業すると、定時制高校に通いながら、林野庁の仕事をした。

その大鵬に最大の転機が訪れる。1956年、二所ノ関部屋が巡業に来たのだ。叔父の根回しもあって大鵬は入門を決意する。母親は反対したが、叔父が説得した。ただ、大鵬が入門したのは、力士たちと食べたちゃんこに感銘を受けたからだった。こんなにおいしいものを食べたのは初めてだった。

しかし、その食欲が幸いした。大鵬はその後、力士になり大横綱になっていく。大鵬が引退したのは1971年。それから30年後の2001年、それまで不明だった父親の生涯が明らかになった。彼はソ連軍に捕まり、強制収容所に入れられた。そののち恩赦で釈放。その後、サハリン州立博物館の守衛を務め1960年に亡くなっていた。大鵬はそれを知って号泣した。

それ以降、大鵬はウクライナと交流を持ち相撲の普及を図った。そして、ウクライナには大鵬記念館も建てられた。それは、父親への大鵬の思いの表れだった。

偉人 99

井深 大

ソニーをつくった男1

いぶか まさる、1908／4／11～1997／12／19。電子技術者、実業家。ソニーの創業者のひとり。

東京、山手線の大崎を下りると目の前にシンクパークが立っている。そこはもともとソニーのテレビ工場があったところだ。いまはソニーの事務所の一部がそこに入っているだけだ。以前、このあたり一帯は、ソニー村といわれた。ソニーの工場が立ち並んでいた。その当時の大崎は、「大崎真っ暗」といわれるように工場が閉まると何もない世界になった。

ソニーの始まりは、井深大とその仲間20人が会社設立のために、立ち上げた東京通信研究所だった。

その頃、朝日新聞のコラムに井深が立ち上げる会社の記事が載った。これを見た盛田昭夫は会社設立に参加する。

盛田と井深は戦争中に爆弾の開発で知り合っていた。その時、盛田は海軍の技術中尉で、井深は測定器の技術者だった。

１９４６（昭和21）年5月、資本金19万円で会社を設立。当時の名前は東京通信工業株式会社。最初は日本橋に事務所を構えたが1年後に北品川に移ってくる。

ソニーの飛躍は１９５０年代のテープレコーダーの開発から始まる。この時彼らは、自らの会社をオランダのフィリップ社のように輸出に注力できる大会社にする計画を立てた。そしてトランジスタを自社生産し、日本初のトランジスタラジオ「ＴＲ－55」を開発した。

そして、開発した商品に「ＳＯＮＹ」のロゴをつけた。この名前をつけたのは盛田である。

これは、音を意味するラテン語の「Ｓｏｎｕｓ」と坊やを意味する英語の「Ｓｏｎｎｙ」をもとに造語した。最初は「Ｓｏｎｎｙ」にしようと思ったが、「損」を連想させてしまうから、盛田が、そこから「ｎ」を1つ取って「ＳＯＮＹ」とした。１９５７年、「ＴＲ－55」の改良版、トランジスタラジオ「ＴＲ－63」が輸出機として大成功を収める。そして、会社名を「ソニー株式会社に変えた」。

偉人 100

盛田昭夫

ソニーをつくった男2

もりた あきお、1921/1/26~1999/10/3。電子技術者、実業家。ソニーの創業者のひとり。

ソニーへの社名変更については、さまざまな軋轢《あつれき》があった。一つはメインバンクからだった。ソニーだけでは何の会社かわからないから、ソニー・エレクトロニクスやソニー・テックなどの名前にしたらどうかと打診された。

会社内からも東京通信工業の名前に愛着を持っている社員から反対があった。しかし、盛田は押し切った。エレクトロニクスなどつけても将来まで電気関係だけの会社でいるかどうかわからない、「Ｔｏｋｙｏ Ｔｓｕｓｈｉｎ Ｋｏｇｙｏ」では長すぎて海外での認知度は上がらない。ソニーで行くべきだと説得した。

それ以降、ソニーの名前は変わっていない。そして世界中で認知されている。トヨタと同じようにソニーの言葉はどこでも通用する。盛田の先見の明だろう。

しかし、その後のソニーがすべて順調にいったわけではない。世界初の直視型ポータブル・トランジスタテレビを発売するが売れず、カラーテレビの進出にも遅れた。１９７０年代に入ると、松下電器・日本ビクターと家庭ビデオテープレコーダー（ＶＨＳ）の普及を目指して統一規格、Ｕ規格を立ち上げる。しかし、ソニーはＵマチックを売り出すが失敗に終わった。

しかし、１９７５年、より小型化、低価格化を狙ったベータマックスを発売する。ちょうど、家庭用ＶＨＳの普及期だったため急速に浸透していく。が、松下・ビクター連合はＶＨＳを作り出し、それとの競争に最終的には敗北してしまう。

そんなソニーに神風が吹いた。それが１９７９年に発売になったウォークマンだった。これは音楽革命だった。歩きながら音楽を聴くという文化をつくり出した。現在のスマートフォンにつながっていく革命的な商品だった。

ソニーはいつでも技術担当が井深、営業担当が盛田だった。晩年、井深は子育ての本を出している。一方、盛田は『「ＮＯ」と言える日本』という国家戦略の提言本を出している。技術と営業、この二つがうまくはまった時、ソニーは成功した。それはどの会社も同じであろう。どんな成功もひとりではできない。

主な参考文献

『文藝春秋　2024年8月号』、『新忘れられた日本人I〜IV』（佐野眞一、毎日新聞社)、『わたしの失敗I〜II』（産経新聞)、『教科書で絶対教えない偉人たちの戦後史』（倉山満、ビジネス社)、『家の履歴書』（斎藤明美、キネマ旬報)、『知れば知るほど泣ける昭和天皇』(別冊宝島編集部編、宝島SUGOI文庫)、知れば知るほど泣ける田中角栄』(別冊宝島編集部編、宝島SUGOI文庫)、Wikipedia、各種ホームページ

スタッフ

装丁　　　妹尾善史（landfish）
本文DTP　（株）ユニオンワークス
編集　　　小林大作
執筆　　　九鬼淳、中尾緑子

※本書は書下ろしです。

宝島SUGOI文庫

知れば知るほど泣ける昭和の偉人100

（しればしるほどなけるしょうわのいじんひゃく）

2025年1月22日　第1刷発行

編　者　別冊宝島編集部
発行人　関川 誠
発行所　株式会社 宝島社
〒102-8388　東京都千代田区一番町25番地
電話：営業 03(3234)4621／編集 03(3239)0928
https://tkj.jp
印刷・製本　株式会社広済堂ネクスト

Printed in Japan
ISBN 978-4-299-06263-5